LA GLOIRE

Expérience de l'atmosphère du Ciel

Ruth Ward Heflin

LA GLOIRE, Expérience de l'atmosphère du Ciel
Copyright © 2018 — Calvary Campground
Traduction Française par Marguerite Sainty

Les versets Bibliques cités dans ce livre sont générale-ment tirés de la Version Louis Segond, nouvelle édition, sauf lorsque la traduction littérale du texte anglais s'im-posait pour une meilleure compréhension.

PUBLIE PAR:

McDougal Publishing
P.O. Box 3595
Hagerstown, MD 21742-3595

ISBN 978-1-884369-41-4

Imprimé aux États-Unis, au Royaume-Uni et en Australie
Pour une distribution dans le monde entier.

A la base de cet ouvrage se trouvent surtout des exposés oraux. Il regroupe des enseignements donnés dans nos séminaires à Jérusalem, des messages apportés dans nos conventions à Ashland (Etat de Virginie en Amérique) et des extraits de sermons prêchés en Angleterre, en Australie et ailleurs dans le monde.

Ma reconnaissance va au Révérend Harold MacDougal, qui a consacré beaucoup de temps à écouter les cassettes et à les éditer pour moi, sous forme écrite. Ce fut une grande œuvre d'amour. Tous ceux que bénira ce livre devront un merci tout particulier à ce frère.

Nos remerciements vont également à Mr. Glenn Bunch de Baltimore, à Mr. Arlo Allen de Washington et à Mrs. Dorothy Buss de Jasper, à Mr. Thom Gardner de Chambersburg, à Mr. Edgar Ceballos de Long Island, pour les arrangements musicaux.

Ruth Heflin

TABLE DES MATIÈRES

INDEX DES CHANTS

Préface

Je me souviens de la matinée de Bethléem en 1977 où nous sommes tombés de manière inattendue dans «l'endroit où habite sa gloire». Nous nous étions rassemblés pour prier pendant un an et demi et avons prié chaque prière que nous savions prier. Pendant des années, le Seigneur nous avait dit de "chanter une nouvelle chanson", et ce matin-là, nous l'avons fait. En faisant le tour de la pièce, nous prenions nos tours en chantant spontanément. Quand nous avions fini, l'atmosphère était chargée et changée. Nous ne le savions pas, mais nous venions de faire la valse dans la louange - le genre spontané - que Dieu habite. Maintenant ce qui était une réunion de prière de quatre heures qui nécessitait de l'endurance et de l'endurance est devenu une chose délicieuse, parce que Dieu était au milieu de cela.

Quand sa présence vient, nos cœurs aspirent à le divertir, afin qu'il reste. Nous avons trouvé, comme David, le plaisir de son cœur quand nous avons chanté à Lui. Auparavant, nos chansons avaient été sur lui. Sa présence est le prélude à sa gloire. Ce livre, Gloire: l'expérience de l'atmosphère du ciel, sert de guide doux pour ouvrir les portes de nos cœurs dans le culte.

Ayant été béni de voyager et de servir dans le royaume de sa gloire dans de nombreuses parties du monde, j'ai trouvé les circonstances les plus extraordinaires en France et dans les pays francophones, où la traduction française est disponible depuis plus de dix ans. Les croyants francophones se fondent dans le culte. Ils sont si facilement touchés et répondent avec des cœurs ouverts et désireux. Je crédite vraiment la disponibilité de ce livre pour avoir préparé le chemin. Ruth a souvent dit: «Lis-le trois fois, puis pose-le.» Quand nous préparons le chemin, Dieu apportera l'augmentation de Sa Parole et de la vérité à nous.

La gloire est une lecture facile, mais la vérité et la révélation dans le livre sont des graines du Ciel. Comme ils sont semés dans le cœur des gens, nous voyons le changement produit dans les vies, car nous ne sommes vraiment changés "de gloire en gloire".

Que Dieu vous bénisse pendant que vous lisez et partagez ce petit livre, et que tous nos cœurs soient fondus pour le contempler.

Deborah Kendrick

INTRODUCTION

Je suis née dans la Gloire, un Dimanche, après la réunion du soir. Mes parents étaient des pionniers du mouvement de Pentecôte. Au moment de ma naissance, ils vivaient dans deux pièces qui faisaient partie du local de l'école du Dimanche, dans l'église qu'ils avaient fondée à Richmond, en Virginie. Je suis née là, dans la gloire de Dieu qui se manifestait dans leur ministère.

Quand j'étais enfant, je rentrais directement de l'école à l'église, le mercredi après-midi, car les fidèles de la communauté se réunissaient pour prier, de treize à seize heures, et j'assistais à presque toutes ces réunions.

Les deux premières heures en étaient consacrées aux requêtes et à l'intercession. Pendant la troisième heure, les croyants se contentaient de jouir de la présence de Dieu. C'était là les meilleurs moments: toutes les requêtes possibles avaient été formulées et maintenant, c'est le Saint-Esprit qui prenait la direction. Des sons glorieux, échos de la gloire de Dieu, que mon esprit a recueillis en ces années-là, m'ont gardée, lors des voyages que j'ai faits pour mon ministère à travers le monde.

J'ai assisté à des milliers de réunions et entendu des milliers de sermons, mais ce qui a le plus marqué ma vie, fut le son de ces chants de Gloire, qui jaillissaient dans la dernière heure de ces réunions de prière, où le peuple de Dieu atteignait le Royaume éternel.

Comme l'air est l'atmosphère de la terre, la Gloire est celle du Ciel. Elle nous élève au-dessus des choses d'ici-bas, jusque dans la présence même de Dieu.

Lorsque plus tard je suis venue vivre à Jérusalem et adorer Dieu sur la montagne de Sion, le Seigneur se mit à me révéler la progression qui existe entre LOUANGE, ADORATION et GLOIRE, ainsi que la relation entre les trois. Dès lors, je me suis appliquée à partager ces simples vérités avec le peuple de Dieu dans le monde entier. Si vous parvenez à saisir les principes de base de la louange, de l'adoration et de la gloire, qui sont si simples que nous passons bien souvent à côté, vous pouvez avoir, en Dieu, toutes les autres bénédictions que vous désirez. Peu importe que vous soyez seul et n'ayez personne qui se joigne à vous dans cette prière. Peu importe à quel niveau de développement spirituel vous êtes arrivés.

PÉNÉTREZ OU REGNE LA GLOIRE, ET TOUT DEVIENDRA POSSIBLE!

PSAUME 24

A l'Éternel la terre et ce qu'elle renferme,
Le monde et ceux qui l'habitent!
Car Il l'a fondée sur les mers,
Et affermie sur les fleuves.
Qui pourra monter à la montagne de l'Éternel?
Qui s'élèvera jusqu'à Son saint lieu?
Celui qui a les mains innocentes et le cœur pur;
Qui ne livre pas son âme au mensonge,
Et qui ne jure pas pour tromper.
Il obtiendra la miséricorde de l'Éternel,
La miséricorde du Dieu de son salut.
Voilà le partage de la génération qui L'invoque,
De ceux qui cherchent Ta face, de Jacob! Pause!
Portes, élevez vos linteaux;
Elevez-vous, portes éternelles!
Que le Roi de Gloire fasse Son entrée!
Qui est ce Roi de Gloire?
L'Éternel fort et puissant,
L'Éternel puissant dans les combats.
Portes, élevez vos linteaux;
Élevez-les, portes éternelles!
Que le Roi de Gloire fasse Son entrée!
Qui donc est ce Roi de Gloire?
L'Éternel des armées: Voilà le Roi de Gloire!

Psaume de David

Louez jusqu'à ce
que vienne l'esprit
d'adoration.

Adorez jusqu'à
ce que la gloire
descende.

Ensuite tenez-vous
dans la gloire!

LA LOUANGE

Louez jusqu'à ce que vienne l'esprit d'adoration.

LA LOUANGE -
COMME INSTRUMENT
DE LA MOISSON

Chant:

A Toi la louange,
Ô Seigneur, dans Sion. (ter)
A Toi la louange!

Il arrivera en ce jour-là, que j'exaucerai, dit l'Éternel: J'exaucerai les cieux et ils exauceront la terre ; et la terre exaucera le blé, le moût et l'huile; et ils exauceront Jizréel.

Je planterai pour Moi Lo-Ruchama dans le pays et j'aurai compassion de celle qui n'avait pas obtenu miséricorde et je dirai "Tu es mon peuple" à ceux qui n'étaient pas mon peuple. Et ils répondront "Tu es mon Dieu".

Osée

La louange est un instrument magistral de la moisson!

S'il y a une chose que nous, Pentecôtistes, pensons savoir bien faire, c'est louer le Seigneur. Nous pouvons avoir conscience de manquements dans d'autres domaines, mais en celui-là, il nous semble être arrivés à un niveau où nous mériterions une médaille.

Quand le Seigneur nous amena à Jérusalem pour y vivre, en fin 1972, Il nous parla du ministère à l'égard des juifs, en disant: "Vous en ignorez tout. Mais que cela ne vous trouble pas; Je vais vous enseigner par Mon Esprit".

Je ne m'attriste jamais d'être reprise par le Seigneur. Quand des gens nous reprennent, ils nous font souvent de la peine; mais lorsque c'est le Seigneur, Il apporte la réponse à ce qui nous manque. Après avoir montré ce qui ne va pas, Il dit: "Voici le chemin".

Nous nous trouvions à Jérusalem depuis quelques semaines et nous avions avec nous vingt-cinq jeunes, venus de nos conventions en Virginie; ensemble, nous louions et adorions le Seigneur sur la montagne de Sion, quatre soirs par semaine, à l'église Saint-Pierre en Gallicant (une belle église Catholique construite sur le site de la maison de Caïphe, le souverain sacrificateur, en fonctions au temps de Jésus). Pendant la journée nous suivions des cours d'hébreu, 5 heures par jour.

Un soir, nous avons eu la visite d'un serviteur de Dieu Américain qui avait travaillé au Nigéria. Ayant observé notre groupe de jeunes et remarqué qu'ils étaient tous en pleine forme, il décida qu'ils devaient faire des distributions de tracts. Se basant sur ses expériences passées, il estima qu'ils pourraient couvrir la ville de Jérusalem tout entière en un temps assez court; et il se mit à calculer combien de milliers de traités pourraient être ainsi distribués. "Vous devez sortir, semer la semence", conclut-il.

Tout ce que venait de dire ce frère était vrai, Bibliquement. Nous croyons au fait de répandre la semence et nous avions, dans le passé, mis en œuvre de vastes programmes de distribution de la Bible et des évangiles dans d'autres pays. Au Népal, par exemple, nous avons loué des hélicoptères pour nous rendre dans des régions reculées des montagnes, avec nos évangiles, nous avons franchi des frontières, avec l'aide de la famille royale, pour faire nos distributions. Mais à Jérusalem, il existait certaines restrictions. Si nous voulions vivre sur place, il nous fallait nous soumettre aux lois du pays.

Le point de vue de notre visiteur était en accord avec le principe Biblique, mais simplement ce n'était pas la bonne réponse dans le cas de Jérusalem, à ce moment-là. Pour chaque pays, Dieu a son plan. Il n'existe pas forcément une solution unique, pouvant s'appliquer partout, ni une seule méthode pratique pouvant correspondre à toutes les situations.

Cependant, pendant que notre frère exposait son projet de distribution, j'avais l'impression que les jeunes se sentaient interpellés. Je les imaginais facilement tout décidés, le lendemain demandant: "Où sont les tracts? Nous sommes prêts à partir!"

Aussi, ce soir-là, je fis cette prière: "Seigneur, veuille me donner Ta réponse pour eux." Au milieu de la nuit le Seigneur me parla et me dit: "Vous, semez vers les cieux et Moi, Je sèmerai sur la terre". Avec cette parole, notre ministère de louange sur le Mont Sion était né!

Je n'avais à l'esprit aucun verset précis pour étayer ce que Dieu était en train de me dire. Je ne saisissais pas davantage tout ce que signifiait pour Lui cette phrase "Vous, semez en direction du ciel, et Moi, Je sèmerai sur la terre". Mais j'étais bien décidée à l'apprendre.

Soir après soir nous nous sommes donc réunis pour louer le Seigneur. Et Il nous a parlé: "Vous ne faîtes que commencer à Me louer. Je vous enseignerai par Mon Esprit comment il convient de le faire"...Et je suis encore en train d'apprendre!

Après un moment de louange, nous recevions souvent une parole prophétique: "Vos louanges Me réjouissent. Elles font tressaillir Mon cœur. Mon âme y trouve plaisir. Ce que Je désire, c'est que vous Me louiez encore plus". Nous avons rapidement compris que la louange réjouit tellement le cœur de Dieu, qu'il désire en recevoir toujours davantage.

On enseigne à droite et à gauche que "la louange est pour ceux qui débutent dans la foi, mais que l'intercession est pour ceux qui sont spirituels". Rien n'est plus faux. Dans l'Apocalypse, un des plus grands livres de louange de la Bible (en réalité ce livre nous révèle la louange et l'adoration telles qu'elles s'expriment dans le ciel) on lit ces mots:

> *Et une voix sortit du trône, disant: Louez notre Dieu, vous tous ses serviteurs, et vous qui le craignez, petits et grands.*
> *Et j'entendis comme la voix d'une immense multitude, comme la voix de grandes eaux et comme la voix de puissants tonnerres, disant: Alléluia! Car le Seigneur Dieu Tout-Puissant règne.*   Apocalypse 19:5.6

Qui sont ces "serviteurs" appelés à louer Dieu à une époque aussi avancée de Son calendrier que le dix-neuvième chapitre de l'Apocalypse? Ce sont "tous" ses serviteurs. Si la louange était immature, nous devrions certainement l'avoir laissée derrière nous, avant d'accéder à l'éternité!

Ceux que Dieu appelle à la louange, dans ce passage, c'est *"Vous qui le craignez"* et encore *"Tous, petits et grands"*, est-il précisé. Il appartient à chacun de louer le Seigneur. Voilà un domaine où nous sommes tous à égalité; car cet appel concerne aussi bien les "petits" que les "grands": nous ne formons qu'un dans la louange.

Jean décrit ce qu'il a entendu, en réponse à l'appel de Dieu, comme: *"La voix d'une immense multitude"*. Le plus noble instrument de louange qui nous ait été donné, c'est notre voix. Apprenons à l'élever pour Lui! Un peu plus tard, nous avons fait une découverte: non seulement Dieu prend plaisir à nos louanges et désire en recevoir davantage, mais Il aime que nous les fassions entendre à voix haute. Il nous presse de le célébrer: *"Louez le Seigneur!"* en précisant *"d'une voix reconnaissante"* (Psaume 26:7), *"d'une voix triomphante"* (Psaume 47:1), et *"avec des accents de joie"* (Psaume 118.15).

Ce que Jean entendit était: *"la voix d'une immense multitude, comme la voix de grandes eaux et la voix de puissants tonnerres"*. Notre louange s'élève jusqu'à retentir comme les chutes du Niagara ou de Livingstone! Quelle profondeur n'y a-t-il pas dans le son de voix qui montent en se joignant les unes aux autres! Cet accord s'amplifie jusqu'à ressembler au bruit de *"puissants tonnerres"*.

Les voix que Jean a entendues disaient: *"Alléluia! Car le Seigneur Dieu Tout-Puissant règne!"* La louange est toujours une parole de victoire. C'est pour cette raison que l'ennemi combat contre elle. Car on ne peut louer bien longtemps sans entrer dans la victoire. Il peut nous arriver de prier pour certains sujets, et que plus nous exposons le problème dans la prière, plus notre foi devient hésitante. Au début nous voyons le problème tel qu'il est, puis il devient de plus en plus important et, à la fin, il nous submerge. Mais, lorsque nous louons, nous entrons toujours dans la victoire. Car louer, c'est entrer. *"Entrez dans ses portes avec des actions de grâce, dans ses parvis avec des louanges"* (Psaume 100:4).

Ainsi la louange n'est pas une fin, c'est un commencement. C'est entrer. Si beaucoup de Pentecôtistes et de Charismatiques ont appris à "entrer" au moyen de la louange, ils n'ont souvent pas su continuer jusqu'à l'adoration ni, plus avant encore, jusqu'à la gloire. Louer n'est autre qu'entrer dans la présence du Seigneur. Nous entrons par les portes de la louange.

A la veille du Nouvel-An, cela faisait six semaines environ que nous louions le Seigneur à Jérusalem, et Il nous pressait de nous y engager de plus en plus profondément. Nous le faisions par nos chants, mais aussi en tapant des mains, en levant les bras vers Lui et en dansant, toutes formes merveilleuses de louange qu'on trouve dans la Bible.

En cette veille de Nouvel-An donc, le Seigneur nous parla et nous dit: "En ce moment-même où vous êtes en train de Me louer, Je répands Mon Esprit sur une autre partie de la ville". Notre enthousiasme était à son comble. Il nous tardait d'être au lendemain pour connaître ce que Dieu avait fait dans cet "autre quartier".

Or, le jour suivant nous apprîmes que vingt-cinq jeunes arabes baptistes étaient réunis pour passer la longue-veille quand, soudain, le Saint-Esprit était descendu sur eux et ils s'étaient mis à parler en langues. Ce nombre de vingt-cinq, à cette époque-là, dans Jérusalem, équivalait bien à deux mille cinq cents aux États-Unis!

A cette nouvelle, nous nous sommes sentis fous de joie! Nous apprenions, comme le dit le prophète Michée, à connaître les voies de Dieu.

> De nombreuses nations viendront en disant: Venez, montons à la montagne de l'Éternel, à la maison du Dieu de Jacob. Il nous enseignera ses voies et nous marcherons dans ses sentiers: car la loi sortira de Sion et la Parole de l'Éternel, de Jérusalem.   Michée 4:2

Dieu avait promis de nous enseigner et Il le faisait. L'Église a trop longtemps essayé d'accomplir l'œuvre du Seigneur en suivant les méthodes théologiques. Nous avons voulu remplir cette mission avec nos méthodes humaines, en nous laissant guider par notre intelligence. Mais, quelle différence quand c'est Lui qui dirige! Quand on fait l'œuvre de Dieu à la manière de Dieu, on obtient les résultats de Dieu!

Nous avions tant à apprendre! Nous étions loin d'être aussi hardis et libérés que nous le sommes aujourd'hui. Dieu a eu beaucoup à faire avec nous. Mais lorsqu'on découvre qu'une manière d'agir porte des fruits, on a envie d'y recourir à nouveau. Nous sommes donc venus aux réunions animés d'une attente plus grande, et nous avons loué le Seigneur avec une plus grande ferveur. Quelques semaines plus tard, le Seigneur nous parla un soir en ces mots: "Pendant que vous Me louez, Je répands Mon Esprit sur Gaza". Peu après, quelqu'un nous rapporta qu'une effusion du Saint-Esprit avait eu lieu à Gaza.

Puis quelques semaines encore et Dieu nous annonça une effusion de Son Esprit en Galilée! Un peu plus tard nous reçûmes des nouvelles: le Saint-Esprit avait visité la Galilée! Peu de temps après, et le Seigneur nous dit: "Je vais descendre sur Mon peuple, les juifs, et Me révéler Moi-même à eux, là où ils se trouvent: dans les Kibboutz, dans les champs, dans les usines". Alors, des juifs commencèrent à venir au lieu où nous adorions, nous disant qu'ils avaient reçu une révélation personnelle de Jésus.

Nous avions appris que nous pouvions louer le Seigneur à Jérusalem en semant vers le ciel et que Dieu, recueillant notre louange, la semait en retour ici-bas: à Jérusalem, à Gaza, en Galilée et sur tout Israël. Puis notre vision s'élargit encore: nous vîmes que la louange pouvait également engranger une moisson aux extrémités de la terre. La louange est bien un des plus puissants outils de la moisson dans le Royaume de Dieu.

Il y a plusieurs années, on pouvait voir aux États-Unis des voitures portant des autocollants où on lisait:

"Louez le Seigneur quand-même!" La pensée était: "Louez Dieu, que vous en ayez envie ou non. Si vous rentrez du travail au milieu des embouteillages et que vous avez eu une journée harassante, ressaisissez-vous simplement et mettez-vous à louer Dieu quand-même." Or je me sentais troublée quand j'entendais les gens s'exprimer ainsi.

Je demandai donc au Seigneur pourquoi cette pensée me gênait tellement. Il me montra que dans l'Ancien Testament, quand on offrait à Dieu un sacrifice, celui-ci devait être parfait, sans défaut. Et là, on nous disait qu'on pouvait apporter n'importe quelle louange imparfaite au Seigneur et qu'elle serait acceptée. Je dis: "Mais, Seigneur, ce point de vue me semble juste. Il y a des moments où nous venons dans Ta Maison alors que nous ne nous sentons pas en forme. Nous ne sommes pas toujours disposés à Te louer. Il y a un élément de vérité dans ces mots, veuille me donner Ta réponse". Et Il me répondit.

Nous connaissons tous par cœur ce verset sur le sacrifice de louange:

> *Par Lui offrons le sacrifice de louange à Dieu, continuellement, c'est-à-dire le fruit de nos lèvres rendant grâce à son nom.*   Hébreux 13:15

Le terme *"sacrifice de louange"* figure incontestablement dans ce verset, cependant lorsqu'on le cite, en général, on donne au mot "sacrifice" une interprétation qui n'avait pas sa place dans la pensée de l'Ancien Testament. Les juifs avaient de nombreux défauts, mais jamais ils ne se plaignaient de ce qu'il leur fallait offrir à Dieu. En revanche, l'idée de sacrifice est devenue, pour nous, synonyme de ce qui est difficile à faire, ce qui nous semble devoir nous coûter quelque chose. Ainsi lorsque les gens disent "offrons le sacrifice de la louange", ils pensent: "que cela nous convienne ou pas".

Un jour je lisais ces mots:

> *Je crée le fruit des lèvres... .*   Esaïe 57:19

Tout à coup la lumière se fit en mon esprit: il nous est demandé d'offrir un "sacrifice"; si ce sacrifice est "le fruit de nos lèvres", et si Dieu Lui-même en est le créateur, cela ne devrait pas nous demander un gros effort!

Lorsque nous venons dans la maison de Dieu, nous pouvons très bien demander: "Seigneur, crée en moi la louange". Alors soudain nous commençons à sentir un frémissement tout au fond de nous et il nous vient un "Alléluia!", un "amen", un "soit loué Seigneur!" ou quelque autre expression de louange qui jaillit. Nous nous trouvons en train de louer d'une manière que nous n'avions jamais connue, jusque-là.

Un jour j'observais une dame qui se tenait devant le Seigneur avec un petit papier dans la main. Tout en adorant, elle y jetait de temps en temps un coup d'œil. "Qu'est-ce que vous lisez là?" lui demandé-je.

"C'est mon vocabulaire de louange", dit-elle. Je n'y aurais jamais pensé. Je sais qu'elle était sincère dans son désir d'offrir à Dieu de belles louanges. Mais, croyez-moi, arrêtez de vous soucier d'avoir un "vocabulaire de louanges", si c'est votre cas. Une louange neuve, montant du fond de notre être, même si elle est un simple "amen" a plus de valeur qu'une louange magnifique qui ne sort que des lèvres. Personnellement je me surpris un jour en train de répéter "Amen! Amen! Amen! Amen!". Le Saint-Esprit m'enseignait de cette manière qu'il était le grand "Amen" dans ma vie, le mot de la fin, le "Ainsi soit-il", Celui qui apporte l'accomplissement, Celui qui amène toutes choses à l'existence. Cette pensée, je ne l'ai pas apprise dans un livre, c'est le Saint-Esprit qui l'a formée en moi.

Si vous ne dîtes jamais rien de plus que "Alléluia!" mais que cet "Alléluia" jaillisse de votre cœur, comme créé par Lui, cela suffit. Je redis sans cesse que les "Alléluia" que je prononce aujourd'hui ne sont pas ceux que je prononçais quand j'étais enfant. Ce ne sont pas non plus ceux que j'ai offerts à Dieu à Jérusalem la semaine passée. Ces "Alléluia" sont flambant-neufs. C'est exactement aussi surnaturel que d'ouvrir ma bouche et de me mettre à parler en langues. C'est une véritable création.

Lorsque vous dîtes "Je t'aime" à votre épouse, ces mots ont un sens précis à la base, mais en même temps, ils contiennent une plus grande révélation. Vous les dîtes une fois dans un contexte, la fois suivante dans un autre. Les mots ne sont pas statiques. Ils sont fluides. Ils possèdent une vie en eux, et c'est cette vie qui produit leur effet.

C'est ce qui se passe lorsque je loue. Cet "Alléluia" n'est pas statique, il coule, plein de vie et de louange, vers le Seigneur vivant.

Je parle en langues depuis l'âge de neuf ans. Je ne comprends rien de ce je dis en langues, pas la moindre phrase. Parfois Dieu me donne des noms de personnes ou de lieux, en langues; de ceux-là je me souviens, autrement je ne me rappelle rien. Le parler en langues ne vient pas de ma pensée, il vient de l'Esprit: il en est de même de la louange créée que je prononce.

Je ne me creuse pas la tête en me disant "Je veux louer Dieu". J'entre simplement dans Sa présence et Lui ouvre mon esprit. Alors ma bouche, d'elle-même commence à publier Ses louanges selon que l'Esprit se met à agir en moi. Je me trouve en train de louer Dieu et à travers le ministère de la louange, j'en viens à Le connaître d'une manière dont je ne L'avais jamais connu avant.

C'est ce que Dieu veut par l'offrande du "sacrifice de louange": il ne s'agit pas d'un sacrifice pénible. Il est bon, agréable au Seigneur et à moi également. Je me trouve dans Sa présence, non pas bouche close, mais débordante, en effervescence, incapable de me taire. Les mots viennent tout naturellement. "Jésus, Tu es merveilleux. Tu es si beau. Tu réjouis mon cœur. Tu es aimable, mon Bien-Aimé, Tu es parfait".

Il nous faut lire les Psaumes, imprégner notre âme de leur vocabulaire, notre cœur de leur esprit. Nous avons besoin également de lire le Cantique des Cantiques. Que Dieu rende notre langue *semblable à la plume d'un habile écrivain* selon l'expression biblique du Psaume

45:1. Une plume qui se mette à écrire et à proclamer les louanges du Seigneur. Dieu veut que Son Esprit coule en nous comme une source, alors notre bouche ne restera pas fermée.

Combien de fois ne désirons-nous pas entendre Sa voix! Dans le cantique des cantiques, le fiancé dit à la fiancée: "Je désire voir ton visage. Je veux entendre ta voix". Dieu nous a fait don d'une voix pour qu'elle s'élève, remplie de louange envers Lui. Si nous n'avons rien d'autre à Lui offrir, nous avons en tout cas cette merveille qu'est notre voix.

J'ai eu une fois un accident de voiture. Une petite cicatrice au menton est là pour me le rappeler. Ma mâchoire m'a fait tellement mal pendant deux jours que je ne pouvais pas parler. J'avais entendu dire: "On peut louer Dieu intérieurement, c'est pareil". Eh bien! j'ai découvert que ce n'était pas du tout la même chose. Jusqu'à ce jour-là je n'avais rien à répondre à ceux qui mettaient sur le même plan la louange parlée et la louange silencieuse. Mais après cette expérience où j'avais été dans l'impossibilité de louer le Seigneur à haute voix, j'ai brusquement réalisé la différence!

Il y a une liberté qui vient quand vous exprimez votre louange avec des mots audibles. Le fleuve de Dieu peut couler à travers vous lorsque, ouvrant la bouche, vous commencez à célébrer Sa bonté sur la terre des vivants, à dire qu'il est miraculeux, à proclamer la guérison qui est dans le Seigneur, Sa victoire, la fraîcheur qui est en Lui, utilisant votre voix comme une trompette qui proclame bien haut Ses bénédictions.

Plus vous raconterez celles-ci, plus vous aurez à en raconter. Plus vous parlerez de Sa bonté, plus vous aurez à en parler.

> *Je chanterai les bontés de l'Éternel à jamais:*
> *ma bouche fera connaître Ta fidélité à toutes les*
> *générations.*   Psaume 89:2

Je vais les faire connaître. J'ai bien l'intention d'utiliser cette voix pour le Royaume de Dieu, pour la Gloire de Dieu, en Le louant!

> *Heureux ceux qui demeurent dans Ta Maison, ils*
> *ne cesseront pas de Te louer.*   Psaume 84:5

Nous ne nous lasserons pas de Le louer. Nous ne "cesserons de Le louer": je veux être de ceux-là! Je veux être de ceux qui publient Ses louanges. Je ne me tiendrai pas parmi ceux qui critiquent et murmurent.

Un jour, après que notre équipe se fût rendue en Egypte, ma sœur Susan revint avec une révélation et me dit: "Ruth, je viens de comprendre que l'esprit de murmure est celui de l'Égypte". Cet esprit existe encore là aujourd'hui. Dieu ne veut pas qu'il soit sur nous en aucune façon. Il veut que nous soyons comme les armées célestes: elles Le louent. Et nous avons une raison plus grande encore de Le louer: nous avons été rachetés par le précieux sang de Jésus, l'Agneau. Ces armées pourtant se tiennent continuellement dans Sa présence, ne cessant de Le célébrer, jour et nuit.

A ce sujet, beaucoup, au début de leur vie spirituelle, trouvent de la difficulté à se voir confrontés à ce texte disant de prier sans cesse. Au milieu de nos multiples activités, il y a des moments où nous louons et adorons de manière tout à fait consciente. Mais une fois que nous vivons dans la louange et l'adoration, même pendant que nous travaillons, un flot non conscient de louange monte de nous vers Dieu. Même quand nous dormons, cette louange, cette adoration inconsciente demeurent; Quelqu'un peut très bien nous entendre nous retourner et parler en langues pendant la nuit. Ce n'est pas que nous soyons particulièrement avancés sur le plan spirituel: nous ne faisons aucun effort pour rendre cette louange au Seigneur. Aussi vrai qu'on respire sans y penser, il y a un niveau en Dieu où l'on ne "cesse plus de Le louer".

Vous savez combien le Saint-Esprit est fidèle, comment, au-dedans de vous, ayant pris la relève, Il est en train de louer, dans ces moments-mêmes où vous avez peut-être été en proie à l'anxiété. A un certain niveau de votre esprit, vous êtes préoccupés par la situation qui est devant vous. Et quand, soudainement, vous revenez à vous-mêmes après avoir loué le Seigneur, vous vous apercevez que, tandis que vous vous teniez à ce niveau ordinaire de la préoccupation, de l'inquiétude, vous demandant quelle pourrait bien être la solution à vos problèmes; à un autre niveau, le Saint-Esprit faisait monter un chant à travers vous. Vous chantiez, pendant tout ce temps, et n'en étiez même pas conscients!

Quand soudain vous vous entendez chanter, c'est
là que vous réalisez que le Saint-Esprit était "occupé
à louer", qu'il était confiant, Lui n'était pas soucieux.
Le Saint-Esprit, au dedans de vous, était en paix. Cette
dimension de louange en Dieu avait le plein contrôle
de la situation. Il vous aurait suffi de laisser de côté le
naturel en permettant à l'Esprit de jaillir et de s'élever.

> *Sur tes murs, Jérusalem, j'ai placé des gardes
> qui ne se tairont ni jour, ni nuit. Vous qui faites
> mention du nom de l'Éternel, ne gardez pas le
> silence.*   Esaïe 62:6, Version anglaise

J'aime cette pensée. Voyez-vous le contraste dans
ce verset? D'un côté, l'intensité de l'expression: *"Ne se
taire ni jour, ni nuit!"* et ce qu'elle signifie: s'attacher à
cette tâche. L'accomplir constamment. Et, de l'autre,
une condition si facile: *"Vous qui faites mention du nom
de l'Éternel"*.

Parfois nous entendons dire: "Il nous faut assaillir
le ciel". Mais Dieu dit simplement: *"Vous qui faîtes
mention du nom du Seigneur, ne vous taisez pas!"* Il y a ici
l'idée d'une activité qui n'est pas pesante mais aimable.
C'est ce chant qui monte vers Lui, cette louange, qui
importe. Il ne nous est pas demandé un effort pénible
pour prier.

Or, nous rendons la prière si pesante qu'il nous
faudrait presque être tous des athlètes spirituels ou des
"superman" pour assumer cette tâche. Mais ce n'est
pas nécessaire, il suffit de faire simplement mention du

Seigneur, de dire: "Jésus, tu es merveilleux! Béni soit le nom de l'Éternel". Ne cessez pas de chanter! Ne cessez pas de louer! Vous pouvez vous réveiller au milieu de la nuit et vous mettre à chanter au lieu de connaître l'ennui ou l'angoisse. Ensuite, Esaïe nous dit:

> *Ne Lui laissez aucun relâche jusqu'à ce qu'il établisse qu'il fasse de Jérusalem une Gloire sur toute la terre.*   Esaïe 62:7

Dieu a choisi Jérusalem et Son plus grand désir pour la ville sainte c'est qu'elle soit glorieuse et devienne un sujet de louange sur toute la terre. Voilà ce que Dieu désire de vous et de moi. Nous éprouvons parfois des aspirations multiples. Cependant, si nous consentons à être simplement une colonne de louange, une tour de louange, une louange au milieu du monde, au milieu du peuple, Dieu nous élèvera!

Peu de temps après que nous ayons commencé à semer vers les cieux, à Jérusalem, quelqu'un nous fit remarquer la vérité contenue dans le livre du prophète Osée, chap 2:23,25

> *Et il arrivera en ce jour-là que J'exaucerai (anglais "J'entendrai") dit l'Éternel, J'entendrai les cieux et ils entendront la terre; et la terre entendra le blé, le moût et l'huile; et ils entendront Jizréel.*

> *Alors Je la sèmerai pour Moi sur la terre; et J'aurai miséricorde envers celle qui n'avait pas*

obtenu miséricorde; et Je dirai à ceux qui n'étaient
pas Mon peuple "Vous êtes mon peuple! Et ils
répondront: "Tu es mon Dieu!"

Le mot "Jizréel" signifie: "Dieu sème". Le Seigneur, Lui, est assis dans les cieux, Il entend ce que nous semons vers les cieux. Il dit: *"J'entendrai les cieux et les cieux entendront la terre".* En réponse à notre geste d'avoir semé vers les cieux, Dieu sème sur la terre; Il n'est pas seulement Celui qui rentre la moisson. Il est aussi Le Semeur.

Voir en Dieu le moissonneur ne nous a jamais causé de problème. Il est le grand moissonneur du champ, ceci nous le savons. Ce que nous ignorons, c'est qu'il est aussi le grand semeur. Nous pensions être seul à répandre la semence. Non! c'est Lui le principal semeur! Alors que, debout je me mets à Le louer, je sème en direction du ciel. La terre, en retour, recueille "le blé, le vin et l'huile", symboles du réveil.

Certains ont peine à croire qu'au moment où ils sont, chez eux, en train de louer Dieu, ils participent vraiment au réveil de leur communauté. En fait, ce n'est pas seulement votre communauté que vous atteindrez en semant votre louange: vous pouvez vous tenir à un endroit, servant le Seigneur, et agir pour le réveil aux extrémités de la terre. Semez vers les cieux!

Si nous n'y prenons pas garde, nous penserons généralement comprendre "mieux", avec le temps, les choses que nous avions comprises quand nous étions jeunes croyants. Nous penserons les faire "mieux" qu'au commencement. Des vérités de base, nous pensons les comprendre "mieux" alors qu'en fait, nous abandonnons les premières révélations pour ce qui nous apparaît comme de plus "profondes" vérités. Dieu, finalement, va devoir nous reprendre pour nous rappeler que, Lui, Il veut nous voir rester dans la simplicité où nous étions au début.

Il y a quelques années, je voulais me rendre en Australie. J'avais pris un billet spécial depuis Londres sur un vol de la compagnie Cathay Pacifique qui ne s'arrêtait pas à Hong Kong. Cette compagnie assurait depuis des années les liaisons vers Sydney et Melbourne. Toutefois, dans l'avion pour Londres, j'aperçus dans la pochette du siège, un prospectus de la Cathay Pacifique où je découvris une surprise: cette compagnie assurait un vol de Hong Kong à Perth. Aller directement à Perth me représentait une économie de quatre à cinq cents dollars! Mais accepterait-on de changer mon billet? D'ordinaire les compagnies aériennes sont réticentes quand l'acquéreur d'un billet à tarif promotionnel leur demande une modification de parcours. Sœur Alice Ford m'attendait à Hong Kong à l'aéroport:

- De combien de temps disposez-vous? demanda-t-elle.

- Si je prends le vol pour Sidney, il me reste quatre à cinq heures. Mais si je prends l'avion pour Perth, je peux rester pour la nuit.

- Attendez un instant, je vais voir quelles sont les possibilités, reprit-elle.

- Après que j'aie exposé mon problème à l'hôtesse, elle me répondit:

- Nous nous ferons un plaisir de changer ce billet pour que vous puissiez vous rendre à Perth. Personne là-bas ne savait que je venais, mais, le Révérend Don Rogers fut tout heureux de me voir arriver et il me demanda:

- Accepteriez-vous de nous donner un enseignement de trois soirs sur la louange, l'adoration et la gloire?

J'acceptai avec joie et exposai ce qui s'était passé à Jérusalem, mes expériences et mes convictions. Au bout d'un ou deux jours, le pasteur me dit:

- Sœur Ruth, nous avons appris une chose: notre façon de louer Dieu il y a trois ans, quand nous avons fondé cette église, était la bonne. Après, durant les deux années suivantes, nous pensions avoir appris à le faire "mieux". Mais Dieu vous a envoyée pour que nous comprenions que la simplicité dans laquelle nous avions commencé, était la voie de l'Esprit. Tout ce qu'il nous faut pour nous retrouver plongés dans le flot de l'Esprit, est de revenir à ce que Dieu nous avait enseigné au commencement.

Vous ne progresserez jamais dans les voies de Dieu aussi longtemps que vous laisserez de côté la louange. JAMAIS!

Si vous entendez dire: "La louange est une activité sans profondeur", sachez que la personne qui parle ainsi a besoin d'une révélation plus profonde sur la louange.

Le Seigneur nous fait accéder à des domaines plus importants, à de plus grandes capacités, des dons, des talents plus élevés. Il nous apprend à nous livrer plus complètement. Il nous enseigne à progresser par la foi dans la louange. Exactement comme nous exerçons notre foi en priant pour les malades, en aidant ceux qui sont dans le besoin, notre foi nous fait atteindre des niveaux de louange plus élevés, en Dieu. En réalité, nous continuerons à le Louer durant toute l'éternité.

Nous ne serons jamais trop grands pour louer. La louange est éternelle, comme Dieu est éternel, et comme nous le sommes aussi. Nous pouvons louer "avec l'intelligence" en utilisant nos mots anglais, français, espagnols. Dans nos conventions il nous arrive d'avoir des participants de trente langues différentes. A Jérusalem, chaque année, des gens d'une centaine de nations diverses, viennent se joindre à nous dans la louange et l'adoration. Que c'est merveilleux de louer Dieu tous ensemble, chacun dans sa propre langue! Ensuite nous Le louons dans toutes les langues magnifiques que fait jaillir Son Esprit.

Daniel vit en Esprit que les différents langages seraient au service de Dieu... *"Et tous les peuples, les nations et les hommes de toutes langues, le servirent"* (Daniel 7:14). Dieu est honoré quand nous prononçons des paroles de louange, d'adoration.

Nous aborderons maintenant une autre grande manifestation de la louange, je veux parler de la danse. Certes, pour beaucoup, louer Dieu par la danse pose un vrai problème. Je comprends ces réticences. J'ai longtemps fait partie de ceux qui croient que la danse est Biblique ... tout en étant très contente que ce soit les autres qui dansent, mais pas moi!

A l'époque, dans les années soixante, seul un petit groupe de fidèles osaient danser dans notre église: il y avait ma mère et deux ou trois autres personnes. Ce n'était pas largement répandu comme aujourd'hui. Et je m'arrangeais toujours pour ne pas être disponible quand un esprit de réjouissance s'exprimait ainsi au milieu de nous. C'était d'ailleurs facile d'être indisponible car une des choses que la vie d'église apprend, c'est à être très occupé à de "saintes activités". Je me mettais vite au piano, ou à l'orgue. Je n'étais jamais libre pour danser. Puis un jour, en juillet 1965, le Seigneur me parla du moment où David entra dans Jérusalem en dansant devant l'Éternel. Alors qu'il revenait dans la cité, en rapportant l'arche de Dieu, il avait dansé tout le long du chemin:

> *On vint dire au roi David: L'Éternel a béni la maison d'Obed-Edom et tout ce qui est à lui, à cause de l'arche de Dieu. Et David se mit en route et il fit monter l'arche de Dieu depuis la maison d'Obed-Edom jusqu'à la cité de David, au milieu des réjouissances. Quand ceux qui portaient l'arche de l'Éternel eurent fait six pas, on sacrifia un boeuf et un veau gras. David dansait de toute sa force devant l'Éternel et il était ceint d'un éphod de lin. David et toute la maison d'Israël firent monter l'arche de l'Éternel, avec des cris de joie et au son des trompettes. Comme l'arche de l'Éternel entrait dans la cité de David, Mical, fille de Saül regardait par la fenêtre, et, voyant le*

roi David sauter et danser devant l'Éternel, elle
le méprisa dans son cœur.   2 Samuel 6:12,16

Le Seigneur m'a alors montré que si nous désirons
faire revenir l'arche de Dieu, il faut que nous dansions
nous aussi. David, après avoir triomphalement ramené
l'arche dans son sanctuaire, offrit en récompense à tous
les hommes et les femmes qui l'avaient aidé, à chacun
un pain, une portion de viande et un gâteau de raisins
(2 Samuel 6:19).

En faisant cela, il fut le seul homme de la Bible à
nourrir toute une nation. Certes, Jésus donna à manger
à une première foule de quatre mille hommes, puis
une seconde de cinq mille. L'Écriture nous rapporte
aussi d'autres exemples où des gens ont été nourris
miraculeusement. Cependant, personne, à part David
n'a donné sa nourriture à une nation entière. Il a agi
après être revenu à Jérusalem en dansant. Il est le seul
aussi à avoir donné à chacun une triple portion.

Le Seigneur me parla ainsi: "Si tu veux nourrir une
nation et même lui donner une triple portion, il faut
que tu danses". Il ne me dit pas que je devais danser
pour être sauvée. Il ne me dit pas que je devais le faire
pour aller au ciel, ni pour avoir une part dans ce qui
se passe dans l'église locale. Il me fit comprendre que
danser devant Lui, fait descendre une onction qui
nourrit les nations, l'effusion du Saint-Esprit. Si le désir
de mon cœur était de transmettre aux autres peuples
de la terre, une triple portion, il fallait que je me mette
vraiment à danser.

J'avais déjà visité des nations. J'avais servi le Seigneur à Hong-Kong de 1958 à 1962, prêché au Japon, à Taïwan et en Inde où j'avais parlé devant des multitudes. J'étais abondamment bénie. Partout où j'étais allée, j'avais vu souffler le vent du réveil. Maintenant Dieu était en train de me parler d'une dimension plus étendue du ministère, d'un emplacement plus vaste où se tenir en Lui.

J'aime les défis du Seigneur! Nous devons vivre en nous laissant bousculer par le Saint-Esprit. Il y a dans notre nature humaine quelque chose qui se rebelle quand quelqu'un nous donne un bon conseil. Cependant, quand c'est Dieu qui nous parle, c'est toujours notre intérêt d'écouter. Il faut même apprendre à être tout aussi attentifs à ses serviteurs que nous le sommes envers Lui. Le serviteur de Dieu, dans bien des cas, est Sa propre voix s'adressant à nous. Cependant cette parole-là était vraiment pour moi difficile à accepter. En fait, je me trouvais engagée, là, dans un grand combat, plus grand que lorsque le Seigneur m'avait appelée, à l'âge de quinze ans, à Le servir en Chine plus tard.

Quitter maison et famille, à dix-huit ans, pour aller à Hong-Kong m'avait paru facile en comparaison de ce que Dieu me demandait maintenant. Le Seigneur faisait miroiter devant moi cette part de choix, spirituellement: "Si tu veux nourrir une nation, tu dois danser".

Il m'avait donné cette parole au début de la convention. Je pris donc la décision de danser chaque jour aux réunions. A cette époque, nos conventions duraient à peu près un mois; elles durent maintenant plus de dix semaines. Le premier jour, j'étais vraiment gênée, sûre que tout le monde avait les yeux fixés sur moi et m'observait! Mais dans ces réunions, chacun est si absorbé dans l'Esprit que c'est à peine s'il remarque ce que font les autres.

Alors que la puissance de Dieu vient, que l'onction tombe, on peut avoir l'impression d'attirer tous les regards sur soi; mais il est facile de se perdre dans la foule, même s'il n'y a pas de foule! Il y a celle des anges et de l'onction; et il se passe beaucoup de choses tout autour de vous.

La première fois, je ne crois pas avoir fait davantage que remuer mes orteils à l'intérieur de mes chaussures. Je comprends les problèmes qu'on peut avoir dans ce domaine. Je dis souvent à ceux qui m'écoutent: "Si vous ne faîtes que déplacer votre poids d'un pied sur l'autre, c'est un commencement". Chaque jour, je me suis mise à la disposition du Seigneur pour danser devant Lui. Ainsi, de jour en jour, je suis devenue plus libre. A la fin du mois, le Seigneur m'a parlé prophétiquement par la bouche de ma mère. Elle ignorait ce que Dieu avait commencé à m'enseigner. Personne n'avait même remarqué que j'avais essayé de danser un peu.

Le Seigneur dit: "Je suis sur le point de changer ton ministère. Je vais t'envoyer vers des rois, des gens importants, haut placés, et tu leur parleras de Moi". Je suis convaincue que danser fait venir une onction pour les nations. Je ne laisse plus passer un seul jour sans le faire.

Vous avez besoin que cette onction coule à travers vous, chaque jour. La danse la fait descendre. Si vous servez le Seigneur dans un endroit où vous n'avez pas la liberté nécessaire, enfermez-vous dans votre chambre et dansez quelques instants devant le Seigneur. Si vos pieds sont saisis par cette danse, vous aurez l'onction qui vous permettra d'apporter le pain, la viande et le vin aux nations.

Pendant cette même prophétie, ma mère reçut en vision le mot "Katmandu". Peu de temps après, le Seigneur m'envoya à Katmandu, au Népal, pour parler de Jésus à la famille royale. (Cette histoire et d'autres semblables feront le sujet d'un autre livre). Le Seigneur a dit qu'il nous enverrait pour nourrir les nations et Il a été fidèle à Sa promesse; Mais cela est arrivé à cause de l'onction qui s'est manifestée par notre danse! Louer Dieu par la danse, c'est quelque chose de puissant!

Certains concepts du Moyen-Orient, qui nous sont étrangers, peuvent nous aider à comprendre ce dessein particulier de Dieu. Comment Salomé par exemple, a-t-elle réussi à obtenir la tête de Jean-Baptiste? Sa danse a tellement plu au roi qu'il s'est dit prêt à lui donner ce qu'elle voudrait. A l'instigation de sa mère, elle demanda la tête de Jean-Baptiste. Dans ce cas, ce fut un bien mauvais usage de ce mode d'expression. Mais, en vérité, si notre danse et notre louange sont agréables au Roi, nous pourrons obtenir tout ce que nous voulons. La louange est créatrice d'une atmosphère où surviennent les miracles. Chaque fois que je danse, je sens l'onction sur mes pieds; et je sais que la promesse est que tout lieu foulé par la plante de nos pieds nous appartient.

> *Tout lieu que foulera la plante de tes pieds t'appartiendra... .*   Deutéronome 11:24

Je peux être en Amérique et de là, quand l'onction vient sur moi, danser dans l'Esprit autour des murs de Jérusalem. Je commence à la Porte de Damas, puis je vais à la Porte d'Hérode, ensuite à la Porte d'Etienne, je continue le tour en passant devant la Belle Porte (ou Porte Dorée), puis la Porte du Fumier, je monte vers la Porte de Sion, la Porte de Jaffa et je redescends vers la Porte Neuve, jusqu'à la Porte de Damas pour finir. J'ai ainsi la possibilité de danser tout autour des murs de Jérusalem avec une forte onction sur mes pieds, en me tenant devant Dieu et en mettant ma foi en Lui en faveur de cette cité, pendant tout le temps que je danse. J'ai dansé de cette manière, sur les nations, les unes après les autres. J'ai découvert que si l'on danse sur une nation, sur le plan spirituel, Dieu donnera aussi l'occasion d'y danser un jour physiquement.

Je fais partie du conseil d'administration de l'Ecole Biblique de Nutbourne, en Angleterre (à Chichester, dans le Sussex), Jeanne et Michael Le Morvan en sont les fondateurs et directeurs. Jeanne me dit un jour: "Ruth, je me rappelle la première fois où je vous ai entendu dire que vous aviez souvent dansé sur toute la carte d'Angleterre avant même d'y avoir exercé votre ministère. Nous avons pensé alors que c'était la plus scandaleuse déclaration que nous ayons jamais entendue".

Scandaleux ou pas, je l'ai fait. Je n'ai pas posé, matériellement, la carte d'Angleterre par terre pour danser dessus, mais j'en connaissais bien la forme. Combien de fois ai-je dansé, en suivant le contour de la mer du Nord, puis de l'Ecosse jusqu'à Portsmouth, traversant les Iles Britanniques et passant sur l'Irlande et le Pays de Galles!

Je l'ai fait à cause du fardeau et de la vision qui me venaient du Seigneur. Y a-t-il de la puissance dans cet acte? Oui! Vous pouvez, de là où vous habitez, conquérir des nations. La danse spirituelle est un des moyens les plus efficaces d'y parvenir. Dieu vous donnera tout le pays que vous foulerez aux pieds pour Lui. Nos pieds sont oints pour conquérir. Dans de nombreuses églises, on fait des "marches de Jéricho". Eh bien, c'est exactement comme une marche de Jéricho faite dans l'Esprit sans qu'aucun site ne soit visible.

Dieu m'a parfois saisie dans l'Esprit, et j'ai dansé autour de la Maison Blanche en montant la rue d'un côté, puis descendant de l'autre, passant derrière et devant l'édifice. vous pouvez le faire vous aussi: voyez la Maison Blanche, par l'Esprit, et mettez-vous à danser autour d'elle. Vous descendez l'avenue de Pennsylvanie, puis la Seizième rue, et vous revenez en faisant le tour du Mail. Vous moissonnerez ainsi des bénédictions et des victoires chacun pour votre pays.

J'ai dansé de la même manière autour de Buckingham Palace, de la résidence du Premier Ministre, et du siège du Parlement à Londres. J'ai dansé sur la Place Rouge du Kremlin (pour la libération des juifs soviétiques hors de Russie); je l'ai fait autour des deux Allemagnes (pour leur réunification). En même temps, je me remémorais la vision que ma chère amie Debbie Kend avait reçue huit ou neuf ans plus tôt concernant la réunification, ainsi que la parole prophétique qu'elle avait donnée à ce sujet. J'ai dansé autour des Maisons d'État, du siège des gouvernements, de toutes les nations, les unes après les autres. Il se passe rarement une journée sans que je ne danse sur les principaux continents.

Il y a une puissance dans la danse! Il y a là une onction pour les nations. Vous découvrirez que vous recevez une onction destinée à nourrir les nations dès que vous commencerez à danser davantage devant le Seigneur. Ne laissez plus passer un jour sans le faire. Louez le Seigneur par vos danses. Que l'onction coule sur vous du sommet de la tête jusqu'à la plante des pieds. Louez le Seigneur dans la danse!

LA LOUANGE EST UN PUISSANT
INSTRUMENT DE MOISSON!

LA LOUANGE -
COMME CÉLÉBRATION

CANTIQUE

QUELS JOURS GLORIEUX!

1) Quels jours glorieux nous vivons)
Avant la venue du Seigneur!) Ter
Oh! Quelle gloire!
Oh! Quelle gloire!
Avant la venue du Seigneur.

2) Quelle onction repose sur nous)
Avant la venue du Seigneur!) Ter
Oh! Quelle onction!
Oh! Quelle onction!
Avant la venue du Seigneur.

3) Ces jours sont des jours de victoire)
Avant la venue du Seigneur!) Ter
Quelle victoire!
Quelle victoire!
Avant la venue du Seigneur.

Le Seigneur a dû changer beaucoup de choses dans ma façon de penser. Nous sommes tous persuadés que nos conceptions sont justes. Mais Dieu travaille, en chacun de nous, pour opérer les changements nécessaires. Nous avons tellement d'idées fausses! L'œuvre de Dieu est de les éliminer.

J'ai commencé à danser en 1965. Ce n'est pourtant qu'en 1972 que nous sommes venues vivre à Jérusalem. Je me souviens d'une jeune fille qui m'avait dit: "Quand nous dansons, dans notre église, parfois, nous prenons la main de quelqu'un d'autre et dansons ensemble". J'avais songé: "Quelle hérésie! Rendez-vous compte, tendre la main à quelqu'un et ..." Nous dansions devant le Seigneur, individuellement. Dieu nous avait libérées un petit peu; mais jamais je n'aurais pris la main de quelqu'un pour danser à plusieurs, devant

Lui. Cela m'avait paru beaucoup trop "profane"".

En 1971, après être allée apporter une parole prophétique à l'Empereur Haïlé Sélassié, je m'envolai d'Ethiopie pour Jérusalem, où je devais passer une quinzaine de jours, avant de me rendre au Bhutan, sur l'invitation du roi du pays.

Mes yeux tombèrent sur une annonce d'un cours "accéléré" d'hébreu en 20 jours. Il se déroulait à une période de grandes fêtes juives: Rosh Hashana, le nouvel an; Yom Kippour, le jour de l'expiation; Succot, la fête des Tabernacles et Simhat Torah, le jour où on se réjouit de la loi de Dieu. Susan et moi nous inscrivîmes à ce cours, dirigé par Shulamit Katznelson, à Natanya.

Je n'appris pas beaucoup d'hébreu en 20 jours, mais ce fut pour moi une introduction dans la vie Israëlienne. Le vendredi soir nous avions le repas tous ensemble. Cela s'appelait "Oneg Shabbat", ce qui signifie: le plaisir du Shabbat. Les juifs accueillent le Shabbat comme s'ils accueillaient un hôte d'honneur, ou même un roi ou une reine. A l'entrée dans ce jour à part, on danse, on chante, on se réjouit.

Après qu'on ait mangé la soupe, des chants hébreux s'élèvent autour de la table. Les gens chantent avec exubérance. Je n'arrêtais pas de demander: "Mais qu'est-ce que cela signifie? Que disent-ils?"

Je supposais que c'était une chanson populaire, peut-être la dernière du Hit parade. Je fus surprise de découvrir que ces paroles étaient d'un autre style, comme: "Nous puiserons avec joie aux sources du salut", "Israël, compte sur ton Dieu", "Réjouissez-vous avec Jérusalem, vous qui l'aimez - soyez joyeux pour elle", et, "Sur tes murs Jérusalem, j'ai placé des gardes, ils ne se tairont ni jour, ni nuit". Entre chaque plat, il y avait des chants. A un moment chacun mit le bras sur l'épaule de son voisin en chantant: "Voici, qu'il est bon et agréable pour des frères de demeurer ensemble".

A la fin du repas, après le dessert et un café à "l'européenne", tous se levèrent pour danser; Je supposais qu'ils allaient le faire sur des chansons populaires particulièrement connues... Mais non, ils chantaient les Ecritures, dansaient sur des paroles de la Bible, et ils le faisaient en joignant les mains. A ce moment-là je me suis sentie vraiment heureuse d'avoir acquis la liberté dans ce domaine, avant de me trouver en Israël. Tout ce qui me restait maintenant à faire, était de franchir l'obstacle qui consistait à donner la main à quelqu'un, puis à danser ensemble devant le Seigneur. Ils le faisaient d'une façon bien plus spontanée que ce que je connaissais jusque là. J'ai alors triomphé de mes complexes, j'ai tendu mes mains, je me suis jointe aux autres, j'ai partagé leur joie.

L'année suivante, nous sommes venus à Jérusalem pour y vivre avec notre groupe de jeunes et y tenir des réunions sur le Mont Sion quatre soirs par semaine. Nous avons dansé en toute liberté dans ces services, comme dans nos réunions de prière. Nous n'avons eu aucun moniteur Israélien pour nous apprendre les danses juives, mais le Saint-Esprit nous les enseigna.

Un jour, lors d'une réunion de prière, je parlais de la Chine. A ce moment-là, la Chine était encore complètement fermée. Dieu nous donna une parole prophétique et dit qu'il allait ouvrir une porte pour cette nation! Fous de joie à cette parole, nous nous sommes levés d'un bond et nous sommes mis à danser. Un des jeunes, spontanément, et avant que nous ayons le temps de réaliser ce qui se passait, leva ses mains comme un enfant imitant une arche de pont. Quelqu'un d'autre vint lever ses mains en face pour former une porte.

Dieu avait dit qu'il ouvrirait la porte de la Chine et, sans prendre le temps de comprendre, nous étions tous entrain de danser en passant par cette porte ouverte.

Nous chantions un refrain tout simple, comme: "La porte de la Chine va s'ouvrir", ou peut-être: "Open doors, open doors" ("Portes ouvertes, portes ouvertes"), tout en louant le Seigneur et en dansant à travers la porte ouverte.

Une, c'est bien, mais deux, c'est encore mieux. Alors quelqu'un en forma une seconde. En un rien de temps, il y eut un grand nombre de portes sous lesquelles nous passions en dansant. Quelle allégresse!

Quelques semaines plus tard, avait lieu l'anniversaire de l'Indépendance, un des moments que je préfère en Israël. C'est en mai. Plusieurs des rues principales sont alors fermées à la circulation et tout le monde danse dehors. Il y a un peu partout des estrades, avec de petits orchestres, qui jouent de toute leur force. La musique est absolument conforme aux Ecritures; les rues sont alors remplies de gens qui célèbrent la fête.

Nous étions là, nous réjouissant avec les juifs (ceux du pays et ceux qui venaient d'ailleurs) et avec les touristes, à cause du miracle d'Israël. Nous dansions la hora (une ronde) quand un de nos jeunes s'écria: "Sœur Ruth, regardez là-bas! Regardez ces soldats, ils font notre "danse de la porte". Je les observai un instant, ils faisaient bel et bien la même danse. Nous l'appelions "la danse de la porte" à cause de la manière dont Dieu nous l'avait donnée. Il se trouva que c'était une danse juive traditionnelle. Nous ne l'avions jamais vue nulle part mais le Saint-Esprit Lui-même nous l'avait apprise.

Un matin, pendant la réunion de prière, le Seigneur nous donna une parole sur la joie. Un des jeunes étendit le bras, comme vers le centre d'un cercle. Rapidement les autres firent de même, formant les rayons d'une roue. Comme nous étions trop nombreux, ceux qui formaient les rayons prirent chacun, de leur bras libre, une autre personne par la taille. Nous avons dansé ainsi un moment, dans ce mouvement merveilleux, comme "la roue à l'intérieur de la roue", de la vision d'Ezéchiel.

Environ une semaine plus tard, un de nos frères, qui habite Askelon, revint tout excité et dit: "Sœur Ruth, quand je suis rentré chez moi, je suis allé à la Synagogue Yéménite. Eh bien, devinez quoi? Ils ont fait notre danse de la roue! Je me suis approché et leur ai demandé si cette danse avait une signification. Oui, dirent-ils, c'est la danse nuptiale de la victoire."

Le Saint-Esprit nous l'avait aussi enseignée. Nous avons continué à danser, en étant constamment instruits par l'Esprit du Seigneur.

J'ai dansé devant Lui dans les rues de Moscou, et aussi sur la Grande Muraille de Chine. J'ai dansé devant le Seigneur dans les rues, aux quatre coins du monde. Là se trouve une onction pour les nations, une onction pour "donner une triple portion". David, quand il sautait et dansait devant l'Éternel, fut méprisé par sa femme. Certains peut-être, vous mépriseront. Au début, à Jérusalem, nous étions les seuls chrétiens à danser. Il y en a qui se sont moqué de nous. Ils nous surnommaient "les vierges danseuses du Mont Sion". Cela ne nous a pas arrêtées car pendant qu'eux nous critiquaient, nous, nous étions bénies.

Les juifs ne nous ont jamais critiquées. Cela, en effet, ne leur pose pas de problème: ils dansent tous. Le maire de Jérusalem, Teddy Kollek danse publiquement devant le Seigneur, à la Fête des Tabernacles. Le huitième jour, le dernier de la fête, se tient une assemblée solennelle appelée "Simhat Torah", ce qui signifie: "le jour où l'on se réjouit de la loi".

A cette occasion, nous nous rendons au Parc de Liberty Bell (cloche de la liberté). Là se trouvent des dignitaires, les grands rabbins, les notables qui dirigent la ville; ils reçoivent l'honneur de danser deux ou trois tours, sur des cercles tracés à l'avance, en portant un rouleau de la Torah, les Ecritures manuscrites en rouleaux. En même temps que ces hommes importants dansent sur l'estrade, le reste de la foule danse dans tout le parc et se réjouit. J'ai vu des papas porter leurs petits garçons sur leurs épaules durant des soirées comme celles-là et danser pendant des heures. C'est très beau à voir. Devant un tel spectacle, je suis heureuse de ne plus avoir de problème dans le domaine de la danse. Parce que nous avons tenu ferme dans cette liberté et que nous n'avons pas reculé au moment des critiques, il est difficile de trouver dans la ville, aujourd'hui, un groupe de croyants qui ne danse pas. La plupart de ceux qui nous méprisaient autrefois montent sur des grandes estrades, un peu partout dans le monde, et dansent eux aussi devant le Seigneur. Nous avons attendu que ces critiques s'arrêtent en comptant sur Dieu pour changer la situation; et aujourd'hui tous font comme nous et glorifient Son nom.

Pourquoi la danse de louange est-elle importante? Parce que Dieu est un Dieu de fêtes, et que nous devrions être un peuple de fêtes, de célébration. Il y a quelques années seulement que le mot "célébration" fait partie du vocabulaire des milieux charismatiques. J'en suis heureuse car le Dieu que nous servons est bien un Dieu de célébrations.

Lorsqu'on vient à Jérusalem, on prend beaucoup plus conscience de cette vérité: Dieu aime les fêtes. C'est la raison pour laquelle il en a assigné un si grand nombre au peuple juif. Tous les deux mois survient une nouvelle raison de se réjouir devant Lui, un autre jour merveilleux mis à part. Il a tout planifié sur Son calendrier, et ils sont si beaux les plans qu'il fait!

On sait combien Jérusalem est, pour les chrétiens, un lieu de pèlerinages sans pareil. A l'occasion des importantes fêtes chrétiennes (surtout Noël, les Rameaux et Pâques), des milliers de croyants remplissent les rues en processions, chantant, se réjouissant en portant des bannières; ils célèbrent le Seigneur.

> *Tu as changé mes lamentations en allégresse.*
> *Tu as délié mon sac et tu m'as ceint de joie. Afin*
> *que ma gloire te loue et ne garde pas le silence.*
> *Éternel, mon Dieu, je t'offrirai des actions de*
> *grâce à jamais.*
>   Psaume 30:12.13, Version anglaise

La première fois que je vis des danseurs professionnels exprimant leur adoration au Seigneur, ce fut à l'église du pasteur Charlotte Baker, appelée "le temple du Roi", à Seattle (Washington). Les jeunes filles, vêtues avec simplicité, dansaient du haut en bas des allées, avec adresse et sans ostentation, tandis que l'assemblée louait et adorait le Seigneur à voix haute. Je ne peux jamais entendre le chœur "all hail, King Jésus" (tous T'acclament, Roi Jésus) sans revivre, dans mon souvenir, la gloire de cette matinée.

Mon amie, Mary Jones, membre de l'église Épiscopale de Sydney, en Australie, est directrice de la fédération Internationale de la danse chrétienne (International Dance Fellowship). Mais le plus bel exemple, peut-être, de danse pour l'Éternel se trouve exprimé, chaque année à la célébration de la Fête des Tabernacles, organisée par l'Ambassade Chrétienne, à Jérusalem. La chorégraphie exprimant l'adoration est créée et dirigée par Mme Valérie Henry et par Mr Randall Banes. L'harmonie est sublime entre l'orchestre sur scène accompagnant la chorale et les danseurs qui en ont appris l'art, et le chant au milieu de l'assemblée; l'ensemble est à la gloire de Dieu.

De plus en plus de danses et de chants hébraïques pénètrent dans l'église, le corps de Christ, amenant une plus grande manifestation de l'onction!

S'il vous reste un problème concernant la danse, débarrassez-vous en aujourd'hui même. Laissez Dieu vous donner l'onction dans ce domaine. Et si vous avez parfois pratiqué la danse spirituelle, mais sans lui avoir donné l'importance qu'elle mérite; laissez Dieu vous mettre au large!

Prenez la décision de danser devant le seigneur autant que vous pouvez et de toute votre force. Louez le Seigneur dans la danse!

CELEBREZ LA PRESENCE DU SEIGNEUR!

LA LOUANGE -
COMME INSTRUMENT
DE COMBAT

Chant:

Venez et chantons pour le Seigneur,
Car Il est digne de nos louanges.
Venez et chantons pour le Seigneur,
Car Il est digne de louange.

Venez, dansons devant le Seigneur,
Car Il est digne de nos louanges.
Venez, dansons devant le Seigneur,
Car Il est digne de louange.

*Puis, d'accord avec le peuple, Josaphat nomma
des chantres qui, revêtus d'ornements sacrés et
marchant devant l'armée, célébraient l'Éternel et
disaient: Loué soit l'Éternel, car sa miséricorde dure
à toujours!*

*Au moment où l'on commençait les chants et les
louanges, l'Éternel plaça une embuscade contre les
fils d'Ammon et de Moab et ceux de la montagne
de Séir qui étaient venus contre Juda. Et ils furent
battus.*

*Les fils d'Ammon et de Moab se jetèrent sur les
habitants de la montagne de Seïr pour les dévouer
par interdit et les exterminer, et quand ils eurent
fini avec les habitants de Séir, ils s'aidèrent les uns
les autres à se détruire.*

*Lorsque Juda fut arrivé sur la hauteur d'où l'on
aperçoit le désert ils regardèrent du côté de la
multitude et voici, c'étaient des cadavres étendus à
terre, et personne n'avait échappé.*

Chroniques

Élever les mains est une des plus puissantes
expressions de louange mises à notre disposition. Cet
acte d'adoration possède autant de puissance que la
danse, dont nous avons parlé.

*Je veux donc que les hommes prient en tous lieux,
en élevant des mains pures sans colère ni pensées
de doute.*   1 Timothée 2:8

Lorsque je me tiens devant le Seigneur à Jérusalem,
je ne garde pas mes mains à mi-hauteur. Je les lève

bien haut, parce que j'ai besoin de la force qui vient
d'en haut. Parfois même, nous ne prononçons aucun
mot. Nous nous tenons là, les mains levées, et cette
simple attitude, dans la présence de Dieu, nos bras
tendus vers Lui, est en elle-même, une puissante
déclaration.

Le fameux jour où la bataille contre Amalek faisait
rage, aussi longtemps que Moïse tenait les mains levées,
Israël était le plus fort. Mais quand il commençait à les
laisser retomber, Israël perdait. Aussi, Aaron et Hur
voyant cela, se précipitèrent aux côtés de Moïse pour
soutenir ses bras jusqu'à la victoire:

> *Lorsque Moïse élevait sa main, Israël était le plus*
> *fort; et lorsqu'il baissait sa main, Amalek était*
> *le plus fort. Les mains de Moïse étant fatiguées,*
> *ils prirent une pierre qu'ils placèrent sous lui*
> *et il s'assit dessus. Aaron et Hur soutenaient*
> *ses mains, l'un d'un côté, l'autre de l'autre; et*
> *ses mains restèrent fermes jusqu'au coucher du*
> *soleil.*   Exode 17:11.12

En novembre 1987, j'étais à Jérusalem en train de
prier, quand j'eus une vision de Moïse tenant ses mains
levées. Je vis manifestée, la puissance de la victoire.
Aussitôt après, le Seigneur me montra la génération
suivante; Je vis Josué dirigeant Israël dans le combat
contre les Amoréens: Israël avait alors tout pour gagner
la bataille excepté du temps. Soudain la foi jaillit dans
l'esprit de Josué et lui fit accomplir une action qui
n'avait aucun précédent, afin qu'Israël dispose du

temps nécessaire pour gagner; Il ordonna au soleil et
à la lune d'arrêter leur course!

> *Alors Josué parla à l'Éternel, le jour où l'Éternel*
> *livra les Amoréens aux enfants d'Israël, et il dit*
> *en présence d'Israël: Soleil, arrête-toi sur Gabaon,*
> *et toi, lune, sur la vallée d'Ajalon! Et le soleil*
> *s'arrêta, et la lune suspendit sa course, jusqu'à ce*
> *que la nation eût tiré vengeance de ses ennemis.*
> *Cela n'est-il point écrit dans le livre du Juste? Le*
> *soleil s'arrêta au milieu du ciel et ne se hâta point*
> *de se coucher presque tout un jour. Il n'y a point*
> *eu de jour comme celui-ci, ni avant, ni après,*
> *où l'Éternel ait écouté la voix d'un homme. Car*
> *l'Éternel combattait pour Israël.*
>
> Josué 10:12.14

Revenons à ce que Dieu m'a enseigné en ce domaine...

Un jour, Dieu me dit qu'il voulait que je prenne
l'avion pour Manille, aux Philippines, pour m'y tenir
dans une position d'intercesseur, en élevant mes mains,
en faveur de la Présidente Corie Aquino; la volonté de
Dieu était que j'ordonne que du temps lui soit donné.
La semaine qui suivit mon arrivée à Manille, il y eut,
dans le *Time* magazine, une photo de la Présidente
avec la mention "priant pour du temps". Dieu lui
avait envoyé de l'aide. Une semaine plus tard, par
l'entremise de son aimable belle-mère Dona Aurora
Aquino, je me suis trouvée assise en sa présence, dans
son bureau, au Palais Malacanan, je lui ai pris la main
et j'ai prophétisé pour elle. Dieu, dans Sa grâce, lui

accorda du temps. Et les Philippines connaissent une glorieuse effusion du Saint-Esprit.

Trop souvent, la louange ne nous a été présentée que comme marque de reconnaissance pour des prières exaucées. Mais elle est chargée d'une bien plus grande puissance! Je sais qu'elle est efficace pour obtenir des réponses de Dieu: chez nous quand nous étions enfants nous n'entendions jamais parler des besoins, ni de la maison, ni de l'église. Mais nous savions quand il y avait un problème, car ma mère déclarait: "Aujourd'hui, je ne réponds pas au téléphone; je ne vais pas ouvrir la porte; et si quelqu'un demande à me voir, je ne suis pas disponible (elle était d'habitude toujours disponible). Je vais passer toute la journée à louer le Seigneur".

Alors, du matin jusqu'au soir, elle marchait dans la maison, les mains levées, louant le Seigneur. Plus tard, quand survenait la victoire, quand arrivait la réponse, nous l'entendions dire: "Dieu a remporté une merveilleuse victoire!" Lorsqu'elle passait ainsi la journée dans la louange, nous savions qu'un grand besoin s'était manifesté, car elle ne recourait à cette méthode qu'à la dernière extrémité.

Mais dans ces circonstances, celle-ci portait toujours des fruits. Outre ces cas extrêmes, la louange a une grande puissance pour faire progresser le Royaume de Dieu. Vos louanges changent l'atmosphère. Elles peuvent transformer celle de votre maison. Qui ignore que nous ne vivons pas tous dans des foyers composés uniquement de personnes remplies de l'Esprit et que nous nous heurtons quelquefois à une atmosphère

défavorable, loin d'être celle qui serait souhaitable?...
Si vous voulez la voir changer, louez simplement le
Seigneur. Votre louange imprégnera la pièce du parfum
de Dieu, amenant un changement sensible dans votre
famille.

La même influence peut s'exercer, par vos louanges,
sur votre lieu de travail. Désirez-vous aussi changer
l'atmosphère de votre église? Alors, arrêtez critiques,
plaintes et murmures. Venez en avance aux réunions et
louez Dieu un moment. Faîtes-le aussi en restant un peu
après la fin. Les responsables sont généralement aussi
préoccupés que vous par les situations difficiles, mais
simplement ils ne savent pas comment y remédier. La
louange changeant l'atmosphère, allez dans votre église
et transformez son climat en la saturant de louange.

Il y a quelque années, je venais de rentrer à Jérusalem,
après un voyage en Australie. A notre réunion de prière
matinale, une sœur, Maria, venant de Poona, en Inde,
eut une vision. Elle aperçut une ligne qui allait de
Jérusalem au milieu de la côte d'Afrique Occidentale,
qui continuait de là jusqu'au milieu de la Côte Est
d'Amérique du Sud et remontait en bordure des États-
Unis jusqu'en Virginie.

Je reçus moi-même la vision, au fur et à mesure
qu'elle la décrivait. Je vis la Sierra Léone en Afrique
Occidentale; la montagne du Pain de Sucre, où la
magnifique statue du Christ domine Rio de Janeiro;
enfin la Virginie, où les conventions allaient bientôt
commencer.

Je n'avais pas prévu de quitter si tôt Jérusalem, mais
je compris que Dieu me traçait par cette vision, un

itinéraire. J'y étais accoutumée car Susan et moi avions voyagé à travers le monde, en nous conformant à des visions et à des révélations du Seigneur, pendant des années, avant de nous établir à Jérusalem, et nos amis avec nous.

J'appelais donc au téléphone le révérend et Mme Ades Jones, pasteurs de l'église Bétel à Freetown en Sierra Léone, pour leur demander s'il leur semblait possible que j'exerce mon ministère pendant une semaine auprès d'eux. Ils s'étaient souvent joints à nous, à Jérusalem. Ils me répondirent: "Venez!". Lorsque j'arrivai à Freetown au milieu de la nuit, un tapis rouge se trouvait déroulé au pied de la passerelle de l'avion et on m'offrit des fleurs. Des personnalités étaient là pour m'accueillir et l'église était venue chanter pour moi des chants de bienvenue. Ce fut une expérience extraordinaire!

Au téléphone, je n'avais fait aucune suggestion concernant le thème de mon message. Mon seul désir était d'être en bénédiction parmi les croyants de Sierra Léone et de les servir de la manière qu'ils souhaiteraient. Quelle ne fut pas ma surprise d'apprendre que les pasteurs avaient loué le "Town Hall"! Soir après soir la salle fut pleine à craquer. Le maire vint avec son épouse, ainsi que la femme du Président avec sa famille. Le Seigneur rencontrait des cœurs tellement ouverts! J'eus le sentiment que c'était la première fois que cette ville de Freetown était à ce point touchée par la puissance de Dieu.

De là, je partis pour Lagos, au Nigéria, puis au Brésil à Rio de Janeiro. Je pris une chambre en face de la plage à Copacabana et j'y passai la nuit. Le lendemain je suis montée au sommet de la montagne et là, j'ai loué, j'ai adoré et prophétisé, mes deux mains levées en direction de Rio et vers tout le Brésil, consciente que Dieu travaillait à changer l'atmosphère qui régnait sur la capitale et sur toute la nation. Ensuite, je suis retournée à l'aéroport, d'où je me suis envolée pour Miami puis Richmond, en Virginie.

Le jour suivant, j'ai appelé mon ami John Lucas, pasteur au Canada, à Calgary, pour lui raconter ce que je venais de faire. Il répondit qu'il comprenait la raison de ce voyage. Il m'expliqua que le Révérend Cerullo était entrain d'organiser une campagne d'évangélisation considérable au Brésil. Elle arrivait en quatrième place parmi les évènements majeurs retransmis par les médias, en Amérique, cette année-là.

Un satellite à circuit fermé devait diffuser cette campagne dans dix grands stades du pays et, en plus, dans soixante-dix auditoriums des États-Unis et du Canada.

Le Révérend Cerullo avait d'abord prévu de tenir cette croisade à Sao Paulo, l'atmosphère spirituelle y étant meilleure qu'à Rio. Mais, pour des raisons techniques, il fallait qu'elle se tienne à Rio. On était le jeudi. Je m'étais rendue sur la montagne le mardi, et les réunions commençaient le samedi. Dieu avait pris soin de l'atmosphère spirituelle qui devait régner sur Rio.

J'ai appris d'une femme de pasteur de la région de Détroit que la puissance de Dieu était si manifeste, qu'en regardant la croisade sur l'écran, elle s'était trouvée projetée à terre sous la puissance du

Saint-Esprit. Nous sommes *"ouvriers avec Lui"* (2 Corinthiens 6:1).

Que cet exemple vous rappelle que votre voix est un puissant instrument de combat. Par votre voix, vous pouvez faire venir la gloire de Dieu sur n'importe quel endroit du monde. Commencez à louer, au bout d'un moment, vous-même entendrez que la gloire est sur votre voix. Elle remplira la pièce.

Nous nous sommes tous trouvés dans des réunions qui restaient très ordinaires jusqu'à ce que quelqu'un ait donné une parole prophétique, ou parlé sous l'onction, d'une façon ou d'une autre. La gloire pénétra alors dans ce lieu, avec cette voix et transforma des vies. La réunion fut différente, à partir de cet instant précis.

> *Je bénirai l'Éternel en tout temps: sa louange sera toujours dans ma bouche. Mon âme bondira d'allégresse en mon Dieu: les humbles l'entendront et se réjouiront. Oh! Magnifiez le Seigneur avec moi, célébrons son nom tous ensemble!*
>
> Psaume 34:2.4

Une autre forme de louange, très puissante et qu'il nous faudrait pratiquer de plus en plus, c'est le chant. Dieu a commencé, il y a déjà plusieurs années, à faire une œuvre nouvelle dans ce domaine, au sein de notre groupe de Jérusalem. Il a commencé à nous donner "un chant nouveau". Cette expérience se répand aujourd'hui dans le monde entier. Dans bien des milieux, j'entends des messages où il est question de chanter au Seigneur un chant nouveau.

Le Seigneur nous a donc parlé en nous invitant à Lui chanter un chant nouveau. Nous ne comprenions pas exactement Sa pensée. Seulement quand Dieu nous parle et que nous ne comprenons pas, Il revient sur cette exhortation jusqu'à ce que nous la saisissions. Il peut aussi envoyer un autre messager porteur de la même parole, jusqu'à ce que celle-ci fasse son chemin dans nos cœurs.

Dieu est persévérant! Il lui arrivera peut-être de nous envoyer le même message pendant une longue période. Alors si nous entendons répéter inlassablement un enseignement, c'est peut-être parce que nous n'avons pas encore fait le pas nécessaire pour le mettre en pratique! Le Seigneur passera rapidement à autre chose, si nous nous emparons promptement de ce qu'il nous a déjà dit.

Cette fois-là donc, Il ne cessait de nous exhorter à chanter "un chant nouveau". Nous nous demandions s'il voulait entendre un autre rythme, une mélodie différente, ou un changement dans le style. Nous ne comprenions toujours pas le sens véritable de cet ordre, d'autant que personne parmi nous n'avait de talent musical extraordinaire.

Or, un jour où nous Le célébrions dans la louange, nous nous sommes mis à chanter un petit chœur que nous n'avions jamais appris, ni entendu nulle part. Il jaillissait spontanément de notre esprit. Il y a d'ailleurs dans notre esprit une bien plus grande réserve de richesses à même d'être en bénédiction pour les nations, que nous ne pourrons jamais l'exploiter. Il faut simplement, que nous les libérions en Dieu.

Nous restons là à Lui répéter "remplis-nous de Ton Esprit", tandis que Lui nous dit: "donnez! Partagez vos trésors!". Nous répliquons: "Seigneur, je partagerai si j'ai quelque chose à partager!" Or la richesse est là, en nous, mais tant que notre foi n'agit pas dans ce domaine, nous ne la libérons pas.

Lorsque Dieu nous introduit dans un domaine nouveau, nous manquons d'assurance et avançons lentement. Nous hasardons le bout du pied, puis le ramenons à nous, et l'avançons de nouveau, pour tester la température de l'eau. Cette fois-là Dieu nous a bénis quand nous avons chanté spontanément. Au début cependant nous n'avons procédé ainsi qu'à nos réunions de prière de Bethléem. Aux réunions d'église du Mont Sion, nous continuions à mener le service comme nous en avions l'habitude. Mais le Seigneur nous demanda: "Ne pouvez-vous pas Me faire confiance? Si vous chantez spontanément aux réunions de prière à Bethléem, ne pouvez-vous pas le faire sur le Mont Sion?"

- Mais Seigneur, rétorquai-je, des gens viennent de plus de quinze mille kilomètres pour un seul culte. Nous ne voulons pas faire d'erreur en leur présence. Et si nous ne parvenions pas à trouver de belles paroles? Personnellement, j'apprécie, de temps en temps, un peu d'hésitation ou d'imprévu dans une réunion. Quand tout se passe trop bien, c'est qu'on a suivi cette voie pendant trop longtemps. On s'est engagé dans une sorte de routine, où manque la fraîcheur. L'hésitation, elle, prouve qu'on entre sur un nouveau territoire, qu'on a accès à une révélation donnée par le Saint-Esprit.

En tous cas, le Seigneur ne nous laissa pas tranquilles jusqu'à ce que nous nous soyons mis à chanter de façon spontanée aussi dans les services plus officiels de Jérusalem. Par la suite, nous n'avons plus jamais regardé en arrière. Nous chantons de façon spontanée dans nos réunions et le Saint-Esprit nous enseigne dans cette voie.

Comment David a-t-il rassemblé cette somme de matériau que nous nommons "les psaumes?" Il les a chantés! Il entendait cette mélodie et ces paroles pour la première fois, alors qu'elles sortaient de sa bouche. De même, nous entendons nos chants nouveaux pour la première fois au moment où nous les prononçons sous une onction prophétique. C'est un chant prophétique, venant du Seigneur, qui nous est donné.

David n'est pas resté assis à réfléchir pour trouver les paroles des psaumes, en composer la musique, puis harmoniser le tout. Non, c'est sa langue qui devenait "la plume d'un habile écrivain", dès qu'il commençait à louer son Seigneur. Et, à cause de la multiplicité des situations qu'il traversa dans sa vie, il exprima une immense variété d'expériences dans ses chants. Ayant passé par des épreuves de toutes sortes, il était capable de chanter au sujet de ses combats contre ses ennemis, comme de chanter ses joies, ses triomphes.

A l'extérieur de la chapelle grecque de Bethléem, où nous nous réunissions les vendredis et samedis matins, pour la prière, nous avions posé un grand écriteau sur la porte: RÉUNIONS DE PRIÈRE PENTECÔTISTES DE 8H A 12H. Mais au bout d'un certain temps, ces mots me gênèrent.

"En réalité, nous ne pouvons plus vraiment dire que nous prions", pensais-je. Nous nous étions auparavant entraînés à la prière-travail et à l'intercession. Et maintenant nous passions le plus clair de notre temps à chanter, danser et nous réjouir! C'est seulement des années plus tard que je découvris dans l'Écriture combien de passages sur la prière lui associent le chant. Il existe une prière chantée, nous y est-il dit.

> *Vous parlant à vous-même par des psaumes, des hymnes, des cantiques spirituels, chantant et célébrant dans votre cœur, pour le Seigneur.*
>
> Ephésiens 5:19

Il y a tant de manières de chanter au Seigneur! Chants d'amour, chants de joie et de reconnaissance, chants de requête et d'autres encore.

L'inscription ancienne m'embarrassait parce que nous ne passions plus, au sens littéral du mot, notre temps à prier. C'est pourtant à cette époque-là que le Seigneur me donna le chant "I ask for the nations" (Je réclame les nations). Je l'avais reçu spontanément lors d'une réunion de prière, puis nous avions passé toute la matinée à prier Dieu pour un grand nombre de nations. Seulement, nous ne le faisions plus de la manière traditionnelle que nous avions connue jusqu'alors.

Dieu nous parlait au sujet d'un pays et Il nous montrait la solution à son problème. Alors, nous nous mettions à proclamer la victoire, sur ce pays, à prophétiser que cette victoire allait arriver et ensuite nous nous réjouissions de la voir s'accomplir. Nous ne

nous tenions plus comme auparavant, dans l'agonie, les
larmes et les supplications, et nous ne savions même
plus très bien ce que nous devions penser de ces formes
de prière.

Peu après, le révérend Edward Miller, qui travaillait
au réveil en Argentine, m'invita à parler dans les églises
qu'il considérait comme les plus grandement engagées
dans la louange de toute l'Amérique; il arrangea donc
un circuit me permettant d'en visiter quelques-unes. En
voyageant à travers les U.S.A., on arrive à savoir ce que
pensent les gens. Dans toutes les églises, ils posent les
mêmes questions. Au bout de dix jours, je connaissais
l'interrogation principale qui restait sur le cœur des
croyants dans le domaine de la prière: "Que dites-vous
de la prière-travail et de l'intercession?" Ma réponse
était celle-ci: "J'étais connue comme une autorité sur ce
sujet. Si vous m'aviez posé cette question simplement
quelques semaines plus tôt, je vous aurais cité toutes les
réponses possibles, mais Dieu trace actuellement une
voie nouvelle, différente. Je ne sais pas exactement où
Il nous conduit".

Souvent nous commettons la faute d'agir comme
nous l'avons toujours fait, alors que Dieu agit dans
une direction nouvelle. Nous continuons à circuler
sur les "Boulevards Extérieurs" alors qu'il nous offre
le "Périphérique". Il est plus grand, plus large, plus
rapide. Mais nous avons toujours pris les Boulevards
Extérieurs, ils nous mèneront bien à destination, mais
le Périphérique n'est pas entravé par des feux ni des
obstacles qui ralentissent la circulation. Pourtant nous
donnons souvent l'impression que nous préférons

encore nous arrêter à tous les feux rouges. De même Dieu nous laisse suivre nos propres manières de faire, alors qu'il a ouvert d'autres voies dans les lieux célestes.

"Je ne sais pas ce que Dieu est en train de faire, dis-je à ces croyants, nous sommes conscients du temps considérable que nous passons à chanter, dans nos réunions de prière. Mais en même temps nous sentons une formidable liberté dans l'Esprit et nous savons que Dieu nous a entendus, concernant les nations, comme les besoins des gens".

Après cette tournée de réunions, je suis revenue en Virginie pour la période des conventions. Ma mère me demanda de me charger du culte du dimanche matin lors duquel se célébrait la Sainte-Cène. Dieu me dit: "Lis Esaïe 53". Je lus:

> *Il a plu à l'Éternel de le briser, par la souffrance. Après avoir offert sa vie en sacrifice pour le péché, Il verra une nombreuse postérité, Il vivra de longs jours et l'œuvre de l'Éternel prospérera entre ses mains. Il verra le travail de son âme et en sera rassasié de joie.*   Esaïe 53:10.11

En lisant ce dernier verset, je fus frappée de ce que je vis, non seulement le salut et la guérison se trouvent dans l'expiation, mais le "travail" y est aussi inclus. Et si le travail est compris dans l'expiation, il ne m'est plus demandé de souffrir, en travail. Si je peux m'exprimer ainsi: Jésus a accompli ce travail, je n'ai plus à le faire.

Je compris: quel pouvoir libérateur se trouvait caché là! Et regardez bien la suite:

C'est pourquoi je lui donnerai sa part parmi les grands. Il partagera le butin avec les forts, parce qu'il s'est livré lui-même à la mort, qu'il a été mis au nombre des malfaiteurs, qu'il a porté les péchés de beaucoup d'hommes et qu'il a intercédé pour les coupables. Verset 12

Dieu le père donne à Jésus une part parmi les grands. Jésus, à son tour, partage le butin avec "les forts". Qui sont ces "forts"? Ceux qui savent louer! Quand Jésus parla d'amener la louange à sa perfection par la bouche des petits enfants, Il citait le psaume 8.3:

De la bouche des petits enfants et de ceux qui sont à la mamelle, Tu as décrété Ta puissance (version anglaise) pour confondre Tes adversaires, pour réduire au silence l'ennemi et le vindicatif.

Il l'a dit d'une autre manière ailleurs:

Mais les chefs des prêtres et les scribes, voyant les merveilles qu'il avait faites et les enfants qui criaient dans le temple: "Hosanna au Fils de David!" Furent indignés et lui dirent: "Entends-tu ce que disent ces enfants?" Jésus leur répondit: "Oui, n'avez-vous donc jamais lu ces paroles: 'Tu as tiré ta louange, une louange parfaite, des petits enfants et de ceux qui sont à la mamelle?' "

Matthieu 21:15.16

Ainsi, "un décret de puissance", est devenu: "une louange parfaite". Après qu'il eût souffert, Jésus partage le butin avec les forts. Notre louange nous fait entrer en possession de notre héritage: nous nous en saisissons par la louange.

Oui Seigneur, Lui dis-je, je comprends maintenant que je n'ai pas besoin de me mettre en travail. Mais que devons-nous faire pour nous approprier cette réalité? (Il existe toujours un moyen pour s'approprier toutes les bénédictions que Dieu a en réserve pour nous).

Il me répondit:

- Poursuis ta lecture.

Les subdivisions en chapitres ont été ajoutées pour aider à trouver les passages dans la Bible, comme on met des noms et des numéros aux rues, pour trouver plus facilement les adresses. Mais, dans le rouleau de l'Écriture, il n'y avait pas de coupures entre les chapitres 53 et 54 d'Ésaïe.

- Que dois-je faire, Seigneur? demandais-je.

Il me dit: "Chante!"

- Chanter? Je peux entrer dans la révélation que tu veux me donner, par le chant?

- Chante, reprit-il.

Chante! Pousse des cris de joie, stérile, toi qui n'enfantais pas! Éclate en chants de triomphe et d'allégresse, toi qui n'a pas connu les douleurs de l'enfantement, car les fils de la délaissée seront plus nombreux que les enfants de celle qui était mariée, dit l'Éternel. Ésaïe 54:1, Version anglaise

Remarquez les termes: "chanter" et "éclater en chants" désignent deux niveaux différents. La plupart d'entre vous chantent. Certains, apprennent aussi à chanter de tout leur cœur. Nous chantons en utilisant nos cordes vocales, mais différente est l'expérience qui consiste à se livrer sans retenue dans le chant. Quand Dieu a mis un hymne dans notre esprit, le soir nous nous endormons avec lui. Si nous nous éveillons au milieu de la nuit, il est là. Et au réveil nous l'avons encore sur les lèvres.

Combien de fois n'avez-vous pas fait cette expérience? Vous vous trouviez dans une situation difficile. Vous étiez accablé. Vous ne saviez pas quoi faire et votre cerveau travaillait à mille-tours/minute pour trouver la solution. Soudain vous êtes arrivé à un stop. Votre voiture s'est immobilisée. Au même instant vous avez débraillé dans votre tête et vous vous êtes aperçu que vous étiez en train de chanter, pendant tout le temps où vous étiez en pleine perplexité, vous chantiez, intérieurement.

Le Saint-Esprit chantait la solution dans votre esprit, pendant que vous vous fatiguiez à la trouver en réfléchissant. "Oh! Combien le Saint-Esprit est fidèle!" dîtes-vous. "Pendant que je m'épuisais pour découvrir une réponse, le Saint-Esprit, lui, me la murmurait depuis le début. Oh! merci mon Dieu pour le stop qui m'a obligé à écouter le chant de Ton Esprit!"

Nous n'allons certes pas nous mettre à prophétiser pour nous-mêmes. Car la prophétie est pour les autres. Mais le chant libère la voix de l'Esprit en nous, dans notre propre langue et nous édifie, comme le fait la louange dans l'Esprit. Les croyants qui se sont donné des prophéties à eux-mêmes ont été victimes de beaucoup d'erreurs. Mais j'ai la possibilité de chanter. Je peux laisser ce chant du Seigneur sortir du plus profond de mon être.

Quelques unes des plus grandes révélations que j'ai entendues sont venues à travers le chant, quand nous chantons ensemble et que chaque personne reçoit une petite strophe du chant nouveau. Si nous avions posé la question:

- Quelqu'un a-t-il reçu une révélation ce matin?

Chacun aurait répondu: Oh non! Car le terme révélation est un si grand mot! C'est intéressant. Dans les groupes charismatiques catholiques, on emploie le terme "image", plutôt que "vision".

- Quelqu'un a-t-il reçu une image ce matin?

C'est parce que le mot "vision" semble trop grand et parfois effrayant.

- Non, je n'ai pas de "vision", mais j'ai eu une "image" - Non, je n'ai pas reçu de "révélation", mais j'ai un "chant".

Bien souvent, pendant que nous laissions sortir de nos lèvres un chant, tout petit, celui-ci contenait une grande révélation. C'est Dieu, en train d'amener la louange à la perfection, par la bouche des enfants et des bébés. C'est tellement beau, tellement merveilleux! Je tiens un cahier, chaque année à Jérusalem. Lorsque je m'assieds au piano, des phrases nous viennent spontanément. Une magnifique vision, une révélation sort de la bouche de l'un ou de l'autre. Chantez!

Je vous demande de chanter, à partir d'aujourd'hui, plus que vous ne l'avez jamais fait jusqu'ici. Mais ne vous contentez pas de répétez les chœurs qui vous sont familiers. Laissez un chant tout simple jaillir de votre esprit. Gardez-lui sa simplicité, formulez une petite phrase à la fois. Ne soyez pas trop compliqué.

Exprimer un chant nouveau va produire un double résultat: il vous apprend à vous concentrer sur Dieu et à rester simples. Il est parfaitement possible de chanter un refrain bien connu et de penser en même temps au menu du prochain repas. Mais cela n'arrive pas avec un chant nouveau, car vous le perdriez si votre attention se relâchait, vous êtes obligé pour ce chant-là de vous concentrer sur le Seigneur. De plus, il faut qu'il soit très simple pour que tous soient capables de le reprendre ensemble.

> *Chante, stérile, toi qui n'as pas porté d'enfant! Éclate en chants de joie et pousse des cris, toi qui n'a pas enfanté; car les enfants de la délaissée seront plus nombreux que ceux de la femme mariée dit l'Éternel. Élargis l'espace de ta tente, étends les limites de ton habitation. Ne retiens pas, allonge tes cordages et affermis tes pieux. Car tu te répandras à droite et à gauche, car ta postérité possédera l'héritage des nations et peuplera des villes désertes.*   Esaïe 54:1.3

Dieu veut nous donner l'élargissement, Il veut le donner par le chant. Chantez et tenez-vous prêt à voir s'élargir l'espace de votre tente. Chantez, laissez libre cours au chant et attendez-vous à vous répandre à droite et à gauche.

Après que le Seigneur m'ait montré que je n'avais plus besoin de m'imposer la prière comme travail, une personne que j'estime énormément vint nous visiter à Jérusalem et apporta l'ancien enseignement sur la prière-travail. Cet enseignement n'est pas faux. Dieu simplement, est en train de nous montrer une voie qui donne moins de peine. Voici une image: je pense que je dois m'acheter une machine à écrire car je suis de la génération qui n'utilisait que des machines à écrire. Mais quelqu'un qui sait se servir d'un ordinateur trouvera la machine à écrire dépassée. "Pourquoi une machine à écrire?" demandera-t-il. Les machines à écrire peuvent toujours être utiles, mais, s'il se trouve un ordinateur dans le bureau, pourquoi en acheter une? Voyez-vous ce que je veux dire? S'il existe une méthode plus efficace, pourquoi revenir à ce qui nous était plus familier? Dieu est en marche. Je n'ai pas racheté de machine à écrire!

Il en va de même avec la prière pour les malades. Plusieurs moyens sont énoncés dans la parole de Dieu pour servir les malades, et tous sont bons. Personnellement je ne fais jamais l'onction d'huile. Je sens que Dieu m'a donné un don de guérison et je n'entre plus dans la catégorie des anciens qui vont oindre d'huile. C'est souvent qu'on me tend des flacons d'huile. Je refuse de m'en servir, avec le plus de courtoisie possible, en disant: "Frère, vous, faites l'onction d'huile et je prierai avec vous". Je marche dans une onction différente. Dieu m'a donné une révélation et je dois suivre cette révélation.

Cela veut-il dire que Dieu ne guérit plus par l'onction d'huile? Bien évidemment, non! Mais Dieu agit de multiples manières.

Lorsque j'entendis cette personne que j'ai évoquée plus haut, parler du "travail" de la prière, dans les termes traditionnels, "...nous nous mettons par terre et prions jusqu'à ce que nous ressentions dans notre esprit les douleurs de l'enfantement, le fardeau pour les gens, comme une femme en travail, alors nous enfantons jusqu'au salut des individus et même des nations..." etc, je dis alors au Seigneur: "J'ai vraiment besoin de savoir si j'ai bien compris ce que Tu m'as appris. Veuille me donner une petite indication supplémentaire concernant cet enseignement nouveau".

Or une jeune femme de notre groupe attendait un bébé. Elle ignorait tout de ce que j'avais demandé au Seigneur. Elle me dit plus tard: le lendemain de cette réunion, le Seigneur me réveilla avec ce verset: "*Avant d'être en travail, Sion a donné le jour à l'enfant*". "Que veux-tu dire, Seigneur?" demanda-t-elle.

Le jour même, tandis qu'elle et son mari vaquaient à leurs occupations, elle ressentit un léger malaise. Elle en fit part à son mari, et celui-ci lui proposa de s'arrêter à la maternité puisqu'ils en étaient tout proches. Mais elle protesta que ce n'était pas encore un signe d'accouchement, ni des douleurs de "travail". Le mari insista: "mais il n'y a pas d'inconvénient à s'arrêter, c'est tout à côté!"

Ils allèrent donc à la maternité. Le docteur était là. Il fit installer la jeune femme sur la table et commença à l'examiner. "Le bébé arrive", dit-il, tout surpris. "C'est impossible, répondit-elle, je n'ai pas encore fait ce que je suis supposée faire" (elle avait suivi quelques cours avec son mari, sur la participation à l'accouchement). "Je ne peux rien empêcher, reprit le docteur, le bébé est là!" Dès que j'entendis son récit, je m'écriai: "Merci, Jésus! Merci, Jésus, pour ce message de confiance et de simplicité, pour cette confirmation!"

Lorsque j'entends de quelles manières on apprend au gens à prier, cela me fait quelque fois de la peine. Ainsi, j'ai une amie qui se lève à 5 heures du matin et prie selon une formule humaine, puis une autre, puis une troisième. Si je me mettais à suivre toutes ces méthodes, je serais épuisée!

Je fais de mon mieux pour enseigner combien il est simple d'entrer dans la présence du Seigneur. Et puis, même si nous faisons tout de travers, Il fait en sorte que le résultat soit excellent.

Il arrive que des serviteurs de passage nous donnent, dans nos conventions, "vingt-et-un pas de foi" ou "sept moyens pour la guérison", etc.... Ma chère maman, qui est une sainte femme, se dirige alors quelquefois vers le micro et dit les mots les plus spirituels de toute la soirée. Par exemple: "Il n'est pas nécessaire d'avoir beaucoup de foi pour toucher Dieu". C'est vrai. *"Avant d'être en travail, Sion a enfanté"*. Oh! combien cela m'a réjouie!

Quelques temps plus tard, j'étais de nouveau en route pour l'Australie. Je volais entre Hong Kong et Sydney sur les Quantas Airways. Le voyage allait bientôt se terminer, et, vers la fin d'un long trajet, on lit n'importe quoi. Je pris donc un magazine. C'était l'Hebdomadaire de la Femme Australienne. On y trouvait des recettes, des articles de mode et un ou deux romans. Or, en plein milieu, je suis tombée sur un gros titre: "Chantez pour réussir un accouchement sans douleur". L'article était écrit par un célèbre obstétricien français. Il disait ne pas parler d'un chant seulement prononcé du bout des lèvres, mais de cette forme de chant dans laquelle la femme s'engage complètement. Si elle se laisse emporter par son chant, elle peut donner naissance à l'enfant sans souffrir.

A Jérusalem, il y a une petite maternité où nos futures mamans choisissent d'aller. Le mari vient et se tient à côté de sa femme et moi je me mets de l'autre côté. Puis nous nous mettons à chanter dans l'Esprit. Le docteur musulman sait que nous serons présents et que nous allons chanter en langues. Nous nous laissons donc emporter dans le chant spirituel et, en peu de temps, la naissance survient. Voilà la vérité que Dieu veut que nous sachions.

Si nous chantons, nous n'avons pas à passer par la phase du travail. Pourquoi? Parce que la joie du Seigneur libère la foi et la foi fait le travail. En un instant de cette intensité, nous pouvons libérer plus de foi en faveur d'Israël et voir plus de choses s'accomplir, que dans cinq nuits entières de prière où l'on prie par l'intelligence seule.

Ce que nous faisons, c'est créer l'atmosphère nécessaire aux miracles. L'aveugle n'a fait que crier "Fils de David, aie pitié de moi!" et il a été guéri. Lorsque Jésus était présent, les choses se faisaient avec facilité. Et Dieu veut nous rendre les choses faciles.

Ne laissez personne d'autre chanter à votre place. Si vous devez commencer à chanter dans votre voiture, allez-y. Beaucoup parmi nous passent suffisamment de temps seuls en voiture. Nous ne dérangeons personne en y chantant à haute voix, chantons tout simplement. J'ai un ami, un homme d'affaires coréen qui m'appelle depuis la Corée quand il a des problèmes dans son travail. Après avoir échangé nos salutations, nous commençons à chanter par l'Esprit, ensemble. Cela peut durer dix ou quinze minutes.

Pendant que nous sommes sur les hauteurs par le chant, Dieu commence à donner des réponses. D'abord, il nous a élevés loin au-dessus des soucis, des problèmes, des besoins. Il se trouve en Dieu un niveau de bien-être. Souvent nous rendons les choses spirituelles difficiles. Or, Dieu veut les rendre faciles. Il veut que le Roi de gloire s'approche et gagne nos batailles pour nous.

La plupart du temps, nous sommes tellement occupés à nous battre nous-mêmes dans nos combats. Que nous ne laissons pas le Seigneur le faire pour nous. Souvenez-vous quand Josaphat sortit au-devant des rois, les chantres et les danseurs, ceux qui étaient chargés de la louange, s'avancèrent devant l'armée. *"Et à cause de cette louange qui la précédait, l'armée n'eût pas même à combattre"* (2 Chroniques 20:21.24). De même, si vous vous maintenez à ce niveau de louange et d'adoration envers le Seigneur, vous n'aurez jamais besoin de livrer vos propres batailles.

A une certaine époque nous avions en Israël plusieurs maisons où accueillir visiteurs et pèlerins. Une fois nous avions reçu chez nous une sœur engagée dans un long jeûne. Nous réservons toujours bon accueil dans ces conditions. Le problème, c'est que cette visiteuse refusait d'assister aux réunions de l'église avec nous. Or je ne veux pas quelqu'un qui vienne chez nous pour jeûner sans assister aux réunions. Lors d'un jeûne, nous avons besoin de l'onction que nous allons recevoir au culte. Si vous jeûnez sans venir aux réunions, vous aurez des difficultés.

J'ai donc envoyé des messages à cette sœur par tous les moyens possibles, mais sa réponse restait négative. Son attitude me troublait de plus en plus. Or, un matin, dans la prière, le Seigneur me parla ainsi: "Pourquoi ne Me laisses-tu pas m'en occuper?" Je faillis rire. Vous est-il jamais arrivé de rire quand Dieu vous montre quelque chose?

Moi, je me suis dit: "Si le Seigneur peut faire quelque chose dans le cas de cette sœur, alors Il peut agir avec n'importe qui". Je Lui répondis: "D'accord Seigneur, cette bataille, je Te la laisse". Puis je n'y pensai plus. Il y a d'ailleurs toujours une bonne douzaine d'autres problèmes qu'il faut résoudre en même temps.

Mais en arrivant à l'église ce soir-là, devinez qui vint me saluer? Cette sœur qui avait toujours refusé de venir. Non seulement elle n'était pas là pour me faire plaisir, ni à cause de mon insistance, mais elle s'excusa en ces termes: Aujourd'hui pendant que je priais, Dieu m'a dit que je m'étais trompée et que j'avais eu une mauvaise attitude. Je le regrette. "Que nous pouvons être stupides" pensai-je, "nous croyons que nous laissons Dieu combattre nos combats, alors qu'en réalité nous ne Le laissons pas faire". Plus nous chanterons pour Lui, plus Il combattra pour nous.

LA LOUANGE: UNE PUISSANTE
ARME DE GUERRE!

LA LOUANGE -
COMME MOYEN DE S'ÉLEVER

Chant:

Jésus, Tu es si merveilleux
Tout ce que mon cœur attendait
Jésus, Tu es si merveilleux
Je veux de plus en plus T'aimer
Jésus, Tu es si merveilleux
Je viens Te louer, T'adorer
Jésus, Tu es si merveilleux
Mon Seigneur.

Portes, élevez vos linteaux,
Elevez-vous portes éternelles
Que le Roi de gloire fasse son entrée.

David

Vous pouvez louer Dieu même lorsque tout est froid autour de vous, en Lui faisant confiance pour qu'il crée en vous la louange. Lorsque j'entre dans la maison de Dieu et que je commence à Le louer, je dois avoir conscience que je gravis une pente, celle de la montagne de Dieu. Je monte vers les lieux élevés où le Seigneur se tient.

Vous êtes-vous déjà trouvé dans une voiture non-automatique, avec, au volant, quelqu'un qui apprenait à conduire et essayait un démarrage en côte? (Jérusalem est bâtie sur des collines, et la plupart de nos voitures n'ont pas de boîte automatique). J'ai déjà roulé avec des gens qui n'avaient pas vraiment la maîtrise de leur embrayage. En s'attaquant à une côte, ils avançaient un peu, puis reculaient, un peu en avant, un peu en arrière, une conduite toute en saccades. Vous êtes-vous jamais trouvé dans un service de louanges ressemblant à cela? La personne qui dirige le service commence à chanter, et vous sentez que vous commencez votre ascension. Puis elle fait quelque chose de très différent ou bien entonne un chant d'un tout autre rythme et... vous vous retrouvez au point de départ. Avec le cantique suivant vous recommencez à vous élever un peu plus haut, puis c'est de nouveau le plat. A la fin du temps de louange, vous avez reçu "un coup de lapin" spirituellement parlant. Il en est ainsi parce que la personne qui conduit les chants, n'a pas appris à s'élever en suivant le mouvement de l'Esprit.

Il vaut parfois mieux chanter moins. Puis lorsque l'onction tombe sur un chant particulier, continuer avec celui-là jusqu'à ce qu'on arrive au sommet de la montagne. Ce n'est pas le chant qui compte, c'est l'onction. Elle est comme l'essence dans votre voiture, qui va vous permettre d'arriver en haut d'une colline.

Il y a des leaders qui insistent pour que l'on chante les chœurs deux ou trois fois, sans tenir compte de ce qu'est en train de faire l'Esprit de Dieu. Chantez jusqu'à ce que vous soyez sur la hauteur. Prenez conscience que vous montez sur la montagne du Seigneur. N'arrêtez pas votre louange avant d'être parvenu au "Lieu Saint".

Parfois cette expérience surviendra au bout de quinze minutes de chant, ou même de dix minutes. Un autre jour, lors d'un autre culte, il faudra vingt minutes, une autre fois encore, sept minutes suffiront. Ou alors, vous avez une telle faim de Dieu que vous courrez pour arriver sur la montagne et en trois minutes vous serez dans Sa présence. Le temps peut varier, mais il y a toujours cette ascension. Il y a toujours cette "entrée" dans les parvis du Seigneur. Nous arrivons du monde extérieur et il en est toujours ainsi; Entrez dans Ses portes avec des actions de grâces, et dans Ses parvis avec des louanges. Soyez reconnaissants et bénissez Son nom! La louange est l'accès, elle est l'ascension.

Jérusalem est à plus de 600m d'altitude. L'Écriture contient de multiples références aux tribus qui "montaient à la Maison de l'Éternel". La maison de l'Éternel était bâtie sur la "montagne de Dieu", si bien que la montagne de Dieu devient synonyme de la Maison de Dieu et du Lieu Saint.

En hébreu, on emploi toujours le verbe "laalot", qui veut dire "monter" en relation avec Jérusalem. Mais on ne recourt à ce terme "monter" pour aucune autre ville du monde. Même ceux qui vivent dans une ville d'une plus haute altitude que Jérusalem, diront qu'ils montent à Jérusalem.

C'est qu'on a conscience que la Jérusalem terrestre est une figure de la Jérusalem céleste. De même dans la louange, soyons toujours bien conscients de nous élever jusqu'au Lieu-Saint.

> *Qui montera sur la montagne de l'Éternel, ou qui se tiendra dans son Saint-Lieu?*   Psaume 24:3

La belle-mère du Dr. Yonggi Cho, sœur Jashil Choi, maintenant décédée, était une de mes grandes amies.

De temps en temps elle me téléphonait de Corée. Il nous fallait un interprète, car son vocabulaire anglais se limitait à "Alléluia, merci Jésus" et deux ou trois expressions semblables. Elle avait une liste de quatre règles à observer à la clé de la vie spirituelle. J'aimais particulièrement son point n°4, qui était: "do it", "maintenant, faites-le!". En effet, nous pourrons assister à dix séminaires sur la louange et l'adoration, avoir pris parfaitement les notes et acheté les meilleures cassettes sur ce sujet, nous pourrons avoir écouté là-dessus les plus grandes autorités du monde, tant que nous ne nous lancerons pas dans l'action, il ne se passera rien. FAITES-LE. Commencez à louer Dieu!

Certes, il y a toujours eu de la louange dans l'église, mais nous vivons à une époque où de plus grandes révélations nous sont données sur ce sujet. Un jour, j'ai déjeuné en Australie avec Anita Ridge l'épouse de M. Don Ridge, et sa mère Mme Klimlinok une sainte femme de Dieu qui, venue de Pologne, avait exercé avec son mari un ministère important en Europe, puis avait fondé des œuvres en Australie. Une des nombreuses questions que je désirais lui poser ce jour-là, était celle-ci. "Quelle est la différence entre le temps que nous vivons aujourd'hui, et les jours d'autrefois?" Elle répondit: "Nous n'avions pas, sur la louange, la révélation que nous avons maintenant. Nous aimions le Seigneur et nous priions, mais aujourd'hui, c'est beaucoup plus facile à cause de la louange. Tout est différent. Nous n'en connaissions pas la portée de cette manière".

A aucune autre époque, cette révélation n'a été donnée avec autant de force: qu'au moyen de la louange nous pouvons rapidement entrer dans la présence de Dieu.

Beaucoup de chrétiens, s'ils entendent un prédicateur insister particulièrement sur la prière, suivent ses directives en oubliant la louange et l'adoration. Puis vient quelqu'un qui enseigne un autre aspect de la prière, alors pendant un certain temps ils vont suivre ce précepte- là. Mais ce qu'il faut garder à l'esprit, c'est l'ensemble de tous les aspects de la prière! Pour moi, je fais porter mon enseignement sur les points que je sens moins acquis dans chaque communauté particulière où je suis amenée à prêcher.

Un jour, je servais le Seigneur au sud de l'Inde. Je prêchai le matin sur le sang de Jésus et un frère indien me dit: -J'ignorais que vous étiez capable de prêcher autre chose que le Saint- Esprit. C'est simplement parce qu'à l'époque où il m'avait entendue auparavant, j'avais prêché à des croyants qui avaient désespérément besoin de l'effusion du Saint-Esprit. Tous mes messages, alors, étaient sur ce sujet, être remplis de l'Esprit. Recevoir la puissance de l'Esprit. Le ministère du Saint-Esprit. Le consolateur, etc.... Quand Dieu charge quelqu'un d'un ministère, c'est pour combler des lacunes, ou pour réveiller Son peuple dans les domaines où il en a besoin. Ce principe ne signifie jamais que Dieu ne dise que cela, et que nous pouvons rejeter tout le reste en quoi nous avons cru avant. Ce qu'il faut, encore une fois, c'est la mise ensemble de toutes les vérités afin que nous puissions nous épanouir grâce à toutes les bonnes choses que Dieu a pour nous.

MONTEZ, DANS LA LOUANGE, GRAVISSEZ LA MONTAGNE DE DIEU.

L'ADORATION

Adorez jusqu'à ce que la gloire descende.

L'adoration est l'extension naturelle de la louange.

Cantique:

Éveille mon cœur à T'aimer, Seigneur et T'adorer.
Éveille mon cœur, pour que devant Toi il se répande.
Éveille mon cœur pour qu'il connaisse Ton amour
et Te le rende,
Comme un flot coulant d'un cœur réveillé.

Crois-moi, l'heure vient où ce n'est ni sur cette montagne ni à Jérusalem, que vous adorerez le Père. Vous adorez ce que vous ne connaissez pas, nous, nous connaissons ce que nous adorons: car le salut vient des juifs. Mais l'heure vient, et elle est déjà venue, où les vrais adorateurs adoreront le Père en esprit et en vérité: car le Père cherche de tels adorateurs. Dieu est Esprit; et il faut que ceux qui l'adorent, l'adorent en esprit et en vérité.

Jésus

Jésus dit à Ses disciples qu'il fallait qu'il passe par la Samarie. Assis au bord d'un puits, Il eut une conversation avec une femme qui se trouvait là. Elle Lui posa une foule de questions. Et Jésus lui confia une de Ses plus grandes révélations.

Pourquoi dis-je que c'était là une de Ses plus grandes révélations? Parce qu'elle nous apprend ce que désire Dieu: Il cherche des adorateurs. Si vous voulez vivre dans l'atmosphère de la gloire, il vous faut être un adorateur. Il vous faut L'adorer davantage *"le Père recherche de tels adorateurs"*. Voilà ce qu'il désire recevoir de la terre.

La révélation donnée à la samaritaine est aujourd'hui universellement mise en évidence et soulignée dans le Corps de Christ par le Saint-Esprit. Dieu cherche des adorateurs. Peut-être pensons-nous avoir toujours été des adorateurs. Tous les dimanches matin, nous assistons au service d'adoration. Nous suivons la liturgie ou participons à la forme du culte. Mais on peut suivre un service d'adoration sans jamais adorer. Le tableau des annonces de l'église porte cette inscription, en Amérique: "Chaque Dimanche matin, culte d'adoration à 10 heures". Mais, bien souvent,, la vérité est que nous y faisons toutes sortes de choses sauf adorer. L'ensemble s'appelle culte d'adoration, mais il ne s'y trouve qu'un nombre relativement restreint de participants pour élever leur cœur intensément dans l'adoration. Or Dieu cherche des adorateurs.

L'adoration nous aide à nous débarrasser d'une quantité de frustrations dans notre vie spirituelle et dans notre vie naturelle. Par cette communion avec Lui, Dieu nous apporte une pleine santé pour le corps, l'âme et l'esprit. Il affine notre compréhension de ce qu'est vraiment l'adoration. Celle-ci vient du cœur, dans l'amour et la contemplation du Seigneur.

Dans les années soixante et soixante-dix, l'Esprit a révélé le message de la louange. Celle-ci est essentielle, elle est la voie pour entrer dans la présence de Dieu. Nous entrons dans Ses portes avec des chants, dans Ses parvis avec des louanges. Louer, c'est entrer. Seulement, dans le passé, une fois entrés, nous ne savions pas quoi faire ensuite: ou bien nous ne faisions rien, ou bien nous changions l'orientation du service.

Cela me fait penser à quelqu'un qui voudrait aller à la Maison Blanche pour voir le Président des États-Unis. Il fait tous les efforts nécessaires pour y accéder, passe par tous les intermédiaires qu'il faut. Quand, enfin, il a en main sa précieuse autorisation, il se rend jusqu'à la Maison Blanche, il admire le hall d'entrée. Au bout d'un moment, un huissier l'introduit dans le Bureau Ovale. Il regarde tout autour de lui, puis déclare: "Bon, maintenant je peux rentrer chez moi. Je voulais juste voir comment c'était".

Partiriez-vous de la Maison Blanche sans avoir saisi l'avantage offert, l'occasion de rencontrer le Président? Pourtant, c'est ce que nous faisons avec Dieu. Nous faisons l'effort d'entrer dans Sa présence puis, une fois introduits, nous regardons un peu et disons: "C'était beau! maintenant, au revoir!" Pourquoi sommes-nous venus? N'était-ce pas pour adorer le Roi, dans toute Sa gloire, dans toute Sa majesté?

Le Seigneur nous fait savoir qu'il n'y a pas de lieu particulier où il faille adorer. Il existe bien des "maisons de Dieu", et c'est une bonne chose. J'aime adorer Dieu dans un bâtiment d'église, un lieu d'adoration, un endroit consacré et mis à part pour Le rencontrer.

Pour le moment, nous adorons dans notre maison, à Jérusalem. La gloire descend, là. Si j'avais le choix cependant, je préférerais un lieu à part, consacré au Seigneur. Cela peut sembler contredire ceux qui encouragent les réunions de maisons. Mais l'essentiel n'est pas où nous adorons. Notre cœur peut rencontrer Dieu à n'importe quel endroit où il ait soif de Le rencontrer, et n'importe quand: dans un avion, au bureau, assis à votre table de travail.

Beaucoup d'entre nous passent trop peu de temps de qualité dans la présence du Seigneur. Certes, nous prions pour les nations. Nous demandons à Dieu de bénir Ses serviteurs. Nous apportons à Dieu les activités de notre église, nous Lui confions les gens de la rue, pour qu'ils trouvent le salut. Mais quand il s'agit de Lui, de Lui seul, nous n'avons plus de temps.

Le Seigneur veut avoir un peuple qui L'adore. Que ferons-nous pendant le temps sans fin de l'éternité? Nous Le louerons et L'adorerons. Commençons donc maintenant!

Je vois la différence entre la louange et l'adoration, comme si je me trouvais quelque part dans la foule du dimanche des Rameaux. Avec les autres, j'enlève mon manteau et le pose par terre avec enthousiasme, pour que l'âne du Seigneur marche dessus. Nous coupons des branches de palmier et les agitons et même en jonchons le sol devant Son passage. Nous crions avec toute la foule: Hosanna! Hosanna! Béni soit Celui qui vient au nom du Seigneur! C'est de la louange.

Puis, soudain, j'aperçois un petit âne qui s'avance sur le chemin. Il continue sa route et arrive juste devant l'endroit où je suis. Là, il s'arrête. Jésus, Roi des Rois, Seigneur des Seigneurs, est assis sur cette monture, Il me regarde et dit: "Ruth, Je t'aime!". Des larmes se mettent à couler sur mes joues...

J'ai cessé d'agiter mes rameaux de palmier, je ne m'écrie même plus: "Hosanna!". Je me prosterne dans l'adoration et je dis: "Mon Seigneur et Mon Dieu!". Il me semble que la foule a disparu. En réalité, elle est toujours là, autour de moi. Les autres continuent à agiter les branches, à crier " Hosanna!" mais moi, j'ai complètement oublié ce qui se passe autour de moi.

Jésus me regarde, et tout l'amour de l'éternité se déverse dans mon âme. A cet instant, je comprends combien Il m'aime. Je prends conscience de Sa Majesté comme jamais auparavant. Personne ne m'a dit qu'il était Roi. Je le sais et je L'adore, prosternée devant Lui, réalisant Sa majesté, Son statut de Roi.

L'adoration, c'est lorsque vous êtes, vous seul, en présence de Dieu. En ville, en plein milieu d'une rue agitée, dans les restaurants les plus fréquentés de la cité, à l'heure de la journée la plus active, on peut trouver de courts instants pour être seul avec le Seigneur. Remercions Dieu que l'on puisse trouver, au long des jours, beaucoup de petits moments où l'on puisse être seul avec Lui. Même si de nombreux événements ont lieu autour de nous, nous "fermons notre porte" pour être dans Son intimité.

Il y a quelques années, un de nos frères eut la vision d'une immense multitude qui s'approchait du trône de Dieu, arrivant avec des chants de louange, issue de toutes les nations de la terre. Il commençait à se demander s'il y aurait de la place pour lui devant le trône. Puis il se rendit compte qu'il s'en approchait de plus en plus. Et, au moment où il atteignit le trône, il tomba à terre dans une intense adoration. Jetant un regard autour de lui, il eut conscience que plus personne d'autre ne se trouvait là, il y avait seulement le Seigneur et lui.

Comment sera-ce lorsque, bientôt, nous ferons partie des foules qui se tiendront devant Lui? Il en sera exactement comme dans la véritable adoration. Les autres sont là, en grand nombre, mais nous n'en sommes plus conscients. Nous sommes seuls avec le Seigneur.

C'est Lui qui m'a montré combien il est facile d'adorer. Dans les milieux pentecôtistes, quand j'étais enfant, nous avions vécu parfois ce que nous appelions de grands moments sur la montagne de Sion. Nous avions des cultes où la présence et la gloire du Seigneur se manifestaient. Après, nous nous demandions comment faire pour renouveler cette expérience bénie. Nous ne savions pas bien.

Une fois, j'effectuais une tournée en Angleterre pour préparer une grande réunion organisée par Lady Astor et qui devait avoir lieu à Londres, au Royal Albert Hall. Un soir où je prêchais sur la louange et l'adoration dans une église de Pentecôte, nous avons vécu une glorieuse expérience de la présence de Dieu. Le pasteur me confia ensuite: "une seule chose me chagrine, sœur Ruth, comment faut-il faire pour revivre un tel moment?"

Je pense que tous les pasteurs, et ceux qui conduisent les chants ont bien souvent éprouvé le même sentiment; "Ce soir, c'était vraiment formidable. L'onction est venue sur ce chant particulier, la gloire était là! Pourrons-nous obtenir le même résultat en procédant de la même manière, la prochaine fois?" Parfois, parce que l'onction a accompagné tel cantique, celui qui dirige la louange va essayer de le faire à nouveau chanter, la fois suivante, et... il ne se passera rien. Dieu permet qu'il en soit ainsi pour nous faire comprendre que la gloire n'est pas dans un cantique: la gloire est dans Sa présence. C'est là qu'elle se tient. Méconnaître cette vérité conduira souvent à l'échec.

Dieu nous enseigne aujourd'hui les secrets de Son propre plan concernant l'adoration. Si c'est Lui que nous suivons, quel que soit le chant choisi, Il fera venir la gloire. Il est même possible de faire une expérience de la gloire à chaque réunion.

L'un des premiers secrets, c'est de savoir combien l'adoration diffère de la louange. Quand je loue le Seigneur, je décide de louer. J'entre dans la maison de Dieu, je Lui offre ma voix avec la volonté de Le louer. Mais on ne peut pas dire: "Maintenant, je vais adorer". Il faut que l'esprit d'adoration descende sur la réunion. Il faut qu'il vienne sur vous.

Choisissez des chants pas trop compliqués, cela vous aidera. Les choses spirituelles sont simples. Si la prononciation des paroles vous demande un gros effort, votre pensée est trop occupée, votre esprit ne peut pas s'élever. Or, nous avons soif que notre esprit s'élève dans la louange à mesure que l'onction grandit.

Prenez un refrain tout simple sans vous soucier de la richesse des paroles et des idées. Laissez les pensées compliquées. Laissez le soin à la chorale de chanter ces cantiques artistiques et difficiles. Que l'assemblée loue, s'élève et adore en toute simplicité, alors, chacun pourra s'abandonner dans l'adoration.

Les projecteurs, qui permettent de lire les paroles sur un écran, sont une bénédiction pour les gens de passage qui ne connaissent pas forcément les cantiques en usage dans l'assemblée locale. Mais si l'église locale elle-même a toujours besoin de l'écran, c'est peut-être que la musique est trop difficile. Choisissez alors des chants plus simples et l'esprit d'adoration viendra. Il faut avoir la possibilité de chanter les yeux fermés lorsqu'on en éprouve le besoin.

Il existe aujourd'hui plus de chants de louange et d'adoration précieux pour le Corps du Christ qu'il n'y en a jamais eus. Une telle variété, un choix si vaste, utilisez-les pour faire venir l'esprit d'adoration.

Personnellement, je l'ai senti descendre sur mes épaules et toucher mon cœur au fond de moi. A ce moment-là, personne n'a eu besoin de me dire d'adorer Dieu. Même si l'église est en train de chanter les mélodies les plus rapides, mon esprit se met au ralenti, et je prends conscience qu'il n'y a plus que moi et le Seigneur. Je L'adore.

Lorsque celui qui dirige un service sent que l'onction est arrivée au point où l'esprit d'adoration est là, il doit rapidement passer à un petit chœur d'adoration, avec moins de paroles que les chants de louange. Quand on est dans l'adoration, il n'est plus nécessaire de dire de grandes choses. Vous, mesdames, pouvez être intarissables, en parlant avec vos maris des enfants, des factures ou d'autres sujets de la vie quotidienne. Mais, dans vos moments de tendresse, les mots, bien sûr, sont plus rares et viennent du cœur. Vous ne parlez plus des factures, ni des problèmes, ni des courses à faire. Vous ne discutez plus des histoires d'école des enfants. Vous êtes heureux d'être ensemble, tous les deux. Tel doit être notre état d'esprit quand nous adorons le Seigneur.

L'exercice de la louange fait grandir l'onction sur l'ensemble du service, et sur chaque personne. L'adoration, elle, amène la gloire. Ainsi, la louange fait venir l'onction pour adorer, et l'adoration, l'onction de la gloire.

De même que nous louons jusqu'à l'entrée dans l'adoration, si nous voulons la gloire, adorons jusqu'à ce qu'elle soit là. Quand on loue, l'adoration vient, et si l'on désire atteindre une grande profondeur dans l'adoration. Il faut que l'on se soit élevé bien haut dans la louange, car c'est elle qui permet l'ascension de la montagne.

Parfois, arrivés au quart du chemin, quelqu'un dit: "prenons un chant d'adoration" nos lèvres vont le chanter, mais nos cœurs y sont-ils parvenus? ...Nous avons essayé d'adorer avant d'être entrés dans l'atmosphère de l'adoration.

A d'autres moments, cette atmosphère vient si facilement! Nous sommes devant le Seigneur, les yeux pleins de larmes. Nous L'adorons de tout notre être. Nous ressentons Sa majesté. Nous avons conscience de Sa royauté.

Chaque mouvement de Dieu s'accompagne de louange. Nous avons connu peu d'adoration dans le passé, en proportion de la louange. Ce rapport va changer avec la croissance du réveil: il y aura moins de louange et davantage d'adoration.

Depuis que nous avons commencé à chanter spontanément ces chants nouveaux, nous avons beaucoup appris. Beaucoup sur notre relation avec Dieu. Nous avons remarqué qu'il était bien plus facile d'employer de courtes phrases avec des verbes-clés: "Le Seigneur guérit, Il sauve, Il baptise, Il console. Il prend soin de nous, Il pourvoit..." Dans l'adoration, cependant, nous nous concentrons sur la personne de Dieu: Qui Il est, et non plus tant ce qu'il fait. Nous avons d'abord essayé d'adorer sans recourir à ces verbes et il en résulta de longs moments de silence. Nous sommes alors revenus aux courtes phrases classiques avec des verbes d'action.

Par ces chants de louange, nous entrions de nouveau dans la présence du Seigneur, cherchant ce qu'il voulait nous montrer. Il nous fallut du temps pour apprendre à fixer nos regards sur Sa personne dans l'adoration.

Si votre relation avec votre mari se situe au niveau du gagne-pain, des corvées ménagères, de la conduite de la voiture et des courses à faire, vous n'avez pas vraiment de communion profonde. C'est le cas de nombreux mariages où le dialogue se borne à une relation verbale basée sur ce que fait le conjoint.

Bien des maris, de leur côté, disent de leur épouse: "C'est une très bonne cuisinière. Elle tient bien la maison et s'occupe bien des enfants". Mais, avant votre mariage, est-ce qu'elle faisait la cuisine, le ménage, pour vous? S'occupait-elle des enfants? Qu'est-ce qui vous a fait l'aimer? -"Eh bien! C'était ses magnifiques yeux bleus".

Avez-vous oublié qu'elle a toujours ces mêmes yeux bleus? "C'était aussi son sourire", dîtes-vous. Avez-vous oublié qu'elle a encore ce beau sourire? "Il y avait dans sa personnalité quelque chose de merveilleux, de pétillant..." Combien de femmes oublient, elles aussi, ce qui les a fait tomber amoureuse de leur mari. "Oh! c'est la façon dont il se tenait. Il avait de l'allure. Je sentais qu'il était fort.." Voilà ce qu'elles pensaient de lui avant le mariage. Mais, avec le temps, l'épouse ne s'intéresse plus qu'à ce que fait le mari et lui, à ce qu'elle fait.

Comparons à cela notre relation avec le Seigneur. La première fois, quand nous L'avons rencontré, Il n'avait rien fait de particulier pour nous, à notre connaissance. Mais nous avons compris qu'il était merveilleux. "Oh! Je L'aime de tout mon cœur!" disent souvent les nouveaux convertis.

Quand nous appartenons au Seigneur depuis un certain temps, nous voyons en Lui un aspect différent: "Il m'a sauvé, Il m'a rempli du Saint-Esprit, Il me guérit si je suis malade". Oui, mais qu'en est-il de Sa personne?

"Eh bien, quand j'ai des problèmes financiers, Il me vient en aide". Oui, mais, encore une fois, que faites-vous du Seigneur en tant que personne?

Notre louange est orientée vers Ses actes. Nous oublions ce qu'il est. Si nous étions remplis d'amour pour Dieu avant de Le connaître, le fait de Le connaître ne devrait-il pas susciter une plus grande communion d'amour et d'adoration avec Lui? Les anges dans le ciel L'adorent, et eux n'ont jamais été rachetés: ils adorent le Seigneur pour Sa personne parce qu'ils Le connaissent, et non parce qu'ils sont sauvés, guéris, ou baptisés du Saint-Esprit.

Je ne suis pas en train de minimiser la prière de reconnaissance qui porte sur ce que Dieu fait, nous ne devons jamais la négliger. J'insiste seulement sur le fait que Dieu désire que nous Le connaissions, Lui qui était, qui est et qui vient. Il désire que nous ressentions Sa présence, que nous nous approchions de Lui pour L'adorer dans la beauté de Sa perfection, sur Sa montagne sainte. Ce qu'il attend de nous, c'est que nous cherchions à être avant tout des adorateurs.

Un jour, en Angleterre, j'ai été interviewée par un membre du Parlement Britannique qui avait à faire avec le Parlement Européen et d'autres pays du Vieux Continent. Ayant entendu parler de ce que Dieu avait fait pour moi, il me demanda:

- Quelles sont vos aspirations pour l'avenir?

Croyant qu'il voulait parler de la conférence prévue au Royal Albert Hall, je répondis:

- Nous nous attendons à ce que, lorsque la foule sera entrée et élèvera la voix pour adorer Dieu, et tandis qu'elle adorera dans l'Esprit, une grande nuée de gloire vienne sur l'auditoire, sur toute la ville de Londres et même sur toute l'Angleterre. Nous croyons que la nuée répandra la bénédiction, transformera la nation, apportera le réveil!

- Non, non! reprit-il alors. Je ne parlais pas de ce que vous espériez concernant cette réunion. Je désire savoir, après toutes les expériences merveilleuses que vous avez vécues, et après avoir rencontré tant de personnes exceptionnelles (il m'en rappela une liste.), quels sont vos propres souhaits pour l'avenir.

- Je veux seulement être une adoratrice, répondis-je. Que Dieu me rende capable de communiquer aux autres cette soif d'adoration!

Je le pensais vraiment. Si le Père cherche des adorateurs, alors vous et moi devons être de ceux qui répondent à Son attente et L'adorent en esprit et en vérité. Ne laissez plus passer un seul jour sans L'adorer.

Dans le mouvement charismatique, ceux d'entre nous qui viennent du protestantisme arrivent à exceller dans la louange, sans être de fervents adorateurs; ceux qui viennent du catholicisme savent adorer mais ont du mal à vibrer vraiment dans la louange.

Ils ont besoin d'apprendre à louer, et nous à adorer. Si eux et nous devenons des chrétiens accomplis dans ces deux domaines, nous représenterons une force redoutable.

C'est l'adoration qui fait venir la gloire; et le désir suprême de Dieu, c'est que "Sa gloire couvre la terre, comme l'eau recouvre le fond des mers". La gloire descendra comme tombe la neige. Que l'on se tienne dans la louange jusqu'à être dans l'esprit d'adoration, et que l'on se tienne dans l'adoration jusqu'à ce que la gloire se manifeste!

Nous pouvons faire venir la gloire sur notre voix. Nous pouvons la faire descendre sur nos maisons, sur une communauté, sur une ville par le canal de notre voix. Commençons par exercer notre voix à louer, ensuite à adorer et finalement laissons la gloire de Dieu se révéler en nous.

Un matin, ma mère se leva au milieu d'une session d'enseignement que je donnais à notre conférence d'hiver en Virginie. C'était en Février 1989, elle se mit à prophétiser. Elle avait une vision du dernier grand réveil. Dieu lui montra que ce dernier réveil serait plus grand que tout ce qui s'est passé depuis la crucifixion et la résurrection. Cela représente quelque chose de puissant, n'est-ce pas? Ce sera plus formidable qu'Azuza Street et 1948, plus même que le jour de la Pentecôte, qui constitue les prémices. Je suis convaincue que nous sommes au bord de ce grand réveil, au commencement de ce temps de Dieu. Et la bonne manière de se préparer pour cette heure, c'est de pratiquer la louange et l'adoration.

Il n'existe aucun livre qui explique ce que Dieu est sur le point d'accomplir. Personne n'est passé par là avant nous pour nous dire: "Il va falloir tourner à droite, ensuite à gauche, puis continuer tout droit..." Nous connaîtrons le chemin si nous nous sommes tenus dans Sa présence, dans l'Esprit, si nous avons appris à nous sentir bien,tout proches du Seigneur, confiants et à l'aise.

ADOREZ-LE!!

ADORATION DU ROI: MAJESTÉ

Cantique

J'aspire à voir mon Sauveur de mes yeux:
Il n'est plus bien loin, ce jour glorieux.
Sa connaissance, ici, resta partielle,
Mais très bientôt va s'ouvrir le ciel!
Je verrai pleinement Sa face,
Sa majesté - Quelle grâce!
Dans Sa présence, je me tiendrai,
Par Sa puissante main transformé.

Qui est ce roi de gloire?
Le Seigneur fort et puissant,
l'Éternel, puissant dans les combats!

David

Lorsqu'on débute dans l'adoration, la première vision qu'on reçoit, c'est parfois celle des pieds du Seigneur. La vision commence souvent à Ses pieds. Quand on les voit, on adore à Ses pieds, on les lave de ses larmes, on les oint de parfum répandu. On adore le Seigneur devant Son trône. On commence à Le connaître dans Sa position de Roi.

> *Aussitôt je fus ravi en esprit. Et voici, il y avait un trône dans le ciel, et sur ce trône, quelqu'un était assis. Celui qui était assis avait l'aspect d'une pierre de jaspe et de sardoine; et le trône était environné d'un arc en ciel semblable à de l'émeraude.*
> *Autour du trône je vis vingt-quatre trônes, et sur ces trônes, vingt-quatre vieillards assis, revêtus de*

vêtements blancs, et sur leurs têtes des couronnes d'or.

Du trône sortent des éclairs, des voix et des tonnerres. Devant le trône brûlent sept lampes ardentes, qui sont les sept esprits de Dieu.

Il y a encore devant le trône comme une mer de verre semblable à du cristal. Au milieu du trône et autour du trône, il y a quatre Etres Vivants remplis d'yeux devant et derrière.

Le premier Etre Vivant est semblable à un lion, le second Etre Vivant est semblable à un veau, le troisième Etre Vivant à la face d'un homme, et le quatrième Etre Vivant est semblable à un aigle qui vole.

Les quatre Etres Vivants ont chacun six ailes et ils sont remplis d'yeux tout autour et au-dedans. Ils ne cessent de dire jour et nuit: "Saint, Saint, Saint est le Seigneur Dieu, le Tout- Puissant, qui était, qui est et qui vient!"

Quand les Etres Vivants rendent gloire et honneur et actions de grâces à celui qui est assis sur le trône, à celui qui vit aux siècles des siècles, les vingt-quatre vieillards se prosternent devant celui qui est assis sur le trône, et ils adorent celui qui vit aux siècles des siècles, et ils jettent leurs couronnes devant le trône en disant: "Tu es digne, notre Seigneur et notre Dieu, de recevoir la gloire et l'honneur et la puissance; car tu as créé toutes choses et c'est par ta volonté qu'elles existent et qu'elles ont été créées."   Apocalypse 4:2.11

Jean vit, toujours et toujours à nouveau, le peuple de Dieu dans l'attitude d'adorateurs. Dans le passage que nous avons cité, il vit les Etres Vivants en train d'adorer Dieu, et les vingt- quatre vieillards déposant leurs couronnes aux pieds du Seigneur. Tous adoraient. Jean les entendit qui criaient: "Tu es digne de recevoir la gloire et l'honneur". Au tout dernier chapitre, on trouve ces paroles:

> *C'est moi, Jean, qui ai vu ces choses et les ai entendues. Et lorsque j'eus entendu et vu, je tombai aux pieds de l'ange qui me les montrait pour l'adorer. Mais il me dit: "Garde-toi de le faire! Je suis ton compagnon de service et celui de tes frères, les prophètes, et de ceux qui aiment les paroles de la prophétie de ce livre. Adore Dieu".*
>
> Apocalypse 22:8.9

Après avoir été ravi dans la gloire, après avoir vu les événements de la fin des temps et plongé ses regards dans le monde spirituel, plus qu'aucun homme de sa génération, voici le simple message que Jean reçut de l'ange: *"Adore Dieu"*.

Pourquoi ce message si simple: *"Adore Dieu?"* Cette exhortation parait si évidente! Ne sommes-nous pas déjà de ceux qui adorent? Nous nous élevons si haut peut-être, que. Parfois nous en oublions que le message de Dieu est simplement que nous L'adorions.

Il veut nous instruire par Son Esprit à être des adorateurs. Son désir est que le Saint-Esprit soit libre d'agir en nous pour nous mettre au large, de plus en plus, jusqu'à ce que nous Lui offrions un sacrifice agréable à Ses yeux.

Un jour, toutes les nations se rassembleront à Jérusalem pour adorer le Seigneur, Roi des rois et Seigneur des seigneurs. Je veux être là, ce jour-là.

L'activité dont Jean fut le témoin se déroulait "autour du trône", "hors du trône", "devant le trône" et encore "au milieu du trône". La plupart des croyants ne connaissent qu'un seul verset concernant le trône de Dieu. Si vous leur demandez de le citer, ils vous répondent:

> *Approchons-nous avec assurance du trône de la grâce, afin d'obtenir miséricorde et d'être secourus dans nos besoins.*   Hébreux 4:16

Au moment de prier, nous disons: "Approchons-nous avec assurance du trône de la grâce pour faire connaître à Dieu nos besoins et nos requêtes". Notre esprit est orienté vers cette présentation de nos requêtes, mais il y a un niveau où *se trouver devant Dieu,* est une expérience tellement grande que, même si vous êtes venus, au départ, avec une douzaine de requêtes et de pétitions, quand Il vous demande après que vous L'ayez adoré: "Y avait-il quelque chose que tu voulais de Moi?" Vous répondez alors: "Oh non! Seigneur". - "Ne voulais-tu pas Me demander quelque chose?" - "Non, Seigneur, rien!" Plus de requêtes, plus de questions, plus de pétitions, tout a été satisfait.

Dans Sa présence, ce qui nous paraissait auparavant si important devient insignifiant. Nous nous demandons alors pourquoi nous avons laissé le diable nous tourmenter à ce sujet, en faire quelque chose de si capital, lui donner une telle ampleur.

Inversement, lorsque nous sommes dans la présence de Dieu, des choses que nous considérions comme secondaires, prennent soudain une grande importance. Le Seigneur nous montre ce qui L'intéresse Lui. Il nous fait comprendre: "Ce qui me tient vraiment à cœur, c'est Israël, il n'est pas en bas de Ma liste. Je Me préoccupe aussi beaucoup de la Chine, Je veux qu'elle se trouve en tête de votre liste".

Par l'adoration, s'opèrent de plus grands changements dans nos vies que par n'importe quelle autre voie. Si vous désirez être transformé, la clef, c'est l'adoration. Pendant que vous adorez, vous contemplez la face de Dieu et vous êtes transformé de gloire en gloire. Vous vous mettez à ressembler à Celui que vous adorez.

Je peux m'appliquer à lire tous les livres écrits sur la Sainteté, j'en retirerai une certaine conception. Mais je peux aussi adorer pendant une minute et ressentir la sainteté de Dieu: je saurai ce qu'elle est. En outre, je peux étudier ce thème de la sainteté et... me mettre en colère en même temps, tandis que si j'adore, j'aspire à être comme Lui.

Le roi David se tint debout et dit: "Ecoutez-moi, mes frères et mon peuple! J'avais l'intention de bâtir une maison pour qu'y repose l'arche

> de l'alliance, et pour qu'elle soit le marche-
> pied de notre Dieu. Et j'ai tout préparé pour la
> construire.   1 Chroniques 28:2

La place qui convient pour adorer le Seigneur, c'est
à Son marche-pied.

> *Entrons dans la demeure de l'Éternel, prosternons-*
> *nous devant son marche-pied!*   Psaume 132:7

Une partie du peuple de Dieu n'entre pas encore
dans la louange, en dépit du réveil que nous vivons
depuis une trentaine d'années dans ce domaine. Mais
Dieu va l'y amener. D'autres ne sont pas encore entrés
dans l'adoration, telle qu'elle a été révélée dans les
années quatre-vingts. Mais le Seigneur va aussi les
y introduire. Quelques-uns ont un ardent désir de
connaître la gloire. La gloire, c'est la révélation de Dieu
pour les années 90. Nous sommes maintenant prêts à
adorer devant Son marche-pied.

Chaque service doit comporter louange et adoration:
louange jusqu'à ce que vienne l'esprit d'adoration,
puis adoration jusqu'à ce que la gloire descende. Par la
première l'onction grandit sur le peuple de Dieu, par
la seconde, Sa majesté se révèle. La louange s'exprime
souvent avec beaucoup d'enthousiasme, tandis que
l'adoration connaît de saints silences, une plus grande
sobriété de langage. C'est parfois sans parole que nous
répandons nos cœurs devant le Seigneur.

Le psaume 24 dit: *"Et le Roi de gloire fera son entrée"...
après que vous ayez élevé vos portes, que vous ayez élevé les
portes éternelles, le Roi de Gloire entrera"*. De qui parle
ce psaume? C'est très clair: *"l'Éternel, le Seigneur fort et
puissant, le Seigneur puissant dans les combats. L'Éternel
des Armées, il est le Roi de gloire!"* Il vient, lorsque nous
Le louons et L'adorons.

Nous Le connaissons comme Sauveur. Nous Le
connaissons comme Celui qui guérit, qui baptise du
Saint-Esprit, qui pourvoit à nos besoins (Jéhovah Jiré)
et sous d'autres aspects encore. Il est temps maintenant
de Le connaître comme Roi de gloire. Toutes nos
expériences avec Dieu tendent vers ce but unique: Le
connaître.

Dans notre communauté de Jérusalem, nous vivons
par la foi, dépendant entièrement du Seigneur pour
nos besoins de chaque jour, non que nous ne puissions
trouver d'autre moyen d'y subvenir. Nous en aurions
la possibilité. Mais nous vivons par la foi parce que
nous désirons Le connaître comme Celui qui pourvoit.
Nous voulons rester dans cette assurance constante
qu'il veille sur tout ce qui fait notre vie.

Lorsque nous nous remettons à Lui comme Celui
qui guérit, ce n'est pas que nous n'ayons pas d'autre
choix. Nous pouvons choisir. Mais nous voulons Le
connaître comme Celui qui guérit. Nous sommes tout
près de Le connaître comme Roi de gloire.

L'image grandiose qui ressort du livre de
l'Apocalypse, c'est celle du Roi de gloire venant pour

Son Eglise glorieuse. Il vient pour une église qui Le connaît comme Roi de gloire. Il livre nos batailles. Il est l'Éternel des Armées, puissant dans les combats. C'est seulement arrivés au domaine de la gloire que nous pouvons vivre au niveau où Lui-même livre toutes nos batailles pour nous.

> *Il tenait dans sa main droite sept étoiles, de sa bouche sortait une épée aiguë à deux tranchants et son visage était comme le soleil quand il brille dans sa force.*   Apocalypse 1:16

Laissez-Lui les combats et les problèmes. Il est capable de S'en occuper. Connaissez le Roi dans Sa puissance.

Le Canada est en relations très étroites avec l'Angleterre et il y a à Calgary un fils de pasteur, qui se passionne pour la vie de la famille Royale. Il en suit tous les évènements. A chaque anniversaire et à chaque Noël, ses parents lui offrent quelques photos rares, en plus des dernières revues rapportant tout ce qui s'est passé pendant les mois précédents, concernant cette illustre famille. Ils y mettent le prix car la passion de l'enfant est telle, qu'ils n'ont pas le cœur de le décevoir.

Notre privilège à nous est autrement plus grand: il nous est donné de connaître le Roi et de connaître Son Royaume. Nous y avons accès. Vous pouvez devenir un familier des palais du ciel et des parvis du Seigneur aussi réellement que quelques anglais privilégiés le sont de Buckingham Palace, de Windsor-Castle ou de

Balmoral (palais d'été de la famille royale). Car à nous, il est donné de connaître les mystères du Royaume de Dieu.

Trop souvent, parlant des clefs du Royaume, que Jésus nous a données, nous avons en vue l'activité. Et c'est vrai qu'il y a de ces clefs qui nous permettent d'agir :

> *Tout ce que tu lieras sur la terre sera lié dans le ciel.*   Matthieu 16:19

Mais il faut centrer nos regards sur le Roi, et pas seulement sur Ses œuvres.

Il m'a été donné de riches expériences avec des personnes royales. Il y a quelque chose de merveilleux et de très mystérieux autour de leur position.

A deux reprises, Dieu m'accorda le privilège de me rendre auprès de l'Empereur d'Éthiopie, Haïlé Sélassié, pour lui donner un message prophétique. La seconde fois, Dieu me parla en ces mots:

- Ruth, je vais t'honorer plus que Je ne l'ai fait la première fois. Je considérais pour ma part, que j'avais été grandement honorée lors de ma première visite. Car non seulement l'Empereur m'avait reçue personnellement, mais il avait aussi, plus tard, reçu mon amie Sarah Rush.

A mon second voyage, je devais arriver en avion un matin et repartir le lendemain. Mes amis me disaient: "Ruth, tu es folle! Tu espères arriver là-bas et voir l'Empereur le jour-même, alors qu'il n'est même pas averti de ta venue".

Tout ce que je pouvais répondre était: "C'est le programme que Dieu m'a tracé. Je ne peux que prendre cet avion et repartir le lendemain matin, si je veux rester dans Son plan". Malgré leurs doutes, j'ai appelé le palais et me suis adressée au Chambellan, Son Excellence Teferawerk. Il répondit: "Je suis désolé, mais l'Empereur a un conseil de ministres". Et il me donna toute la liste des rencontres qui devaient remplir cette journée. Je lui dis simplement: "Votre Excellence, ayez la grande gentillesse de voir ce que vous pouvez faire".

L'après-midi, je fus convoquée au palais. La première fois que j'avais été accueillie dans ce somptueux édifice, c'était dans la salle d'audience où l'Empereur reçoit les ambassadeurs et les diplomates. Ce jour-là, il m'invita au Palais du Jubilée, sa propre demeure. C'était un grand honneur! Son petit chien, Loulou, joua avec moi. (Loulou eut, lui, l'honneur d'être le seul chien jamais admis à Disneyland).

Un peu plus tard l'Empereur me dit: "Ruth, lorsque vous recevez une parole de Dieu, pour n'importe quel Chef d'État, n'hésitez jamais à aller la lui transmettre!"

Je ressentis cela comme la plus grande preuve de la bénédiction que ma visite avait représenté pour lui. Je fus probablement une des dernières personnes à lui avoir apporté de l'aide avant le début des troubles. Dans la prophétie, Dieu l'avertissait de ce qui allait arriver et lui montrait la réponse.

En présence d'un souverain on a un sentiment profond de majesté, de crainte et de révérence.

Quand je le vis, je tombai à ses pieds comme
mort. Mais il posa sur moi sa main droite et dit:
ne crains pas, je suis le premier et le dernier. Je
suis celui qui vis et qui étais mort, et voici je suis
vivant aux siècles des siècles. Amen! Et je tiens
les clefs de l'enfer et du séjour des morts.

Apocalypse 1:17.18

Lors du réveil des années cinquante, fut donné ce merveilleux cantique, écrit par Phyllis Speers:

Voyez quel homme merveilleux
Se tient entre Dieu et l'humain
Ses yeux sont enflammés de feu
Et Il tient Son van à la main
Jean Le vit dans les sept églises,
Éclatant comme le soleil.
Quel est cet homme? Qu'on le dise:
Oh, combien Il nous émerveille!

Chœur

Il est Seigneur de gloire.
Il est le grand Je Suis.
L'Alpha et l'Oméga
Le début et la fin.
Son nom est Merveilleux.
Il est Prince de Paix.
Il est Père Éternel
Roi des rois, à jamais!

Le Roi est majestueux. Pourtant, nous n'avons pas à Le servir dans la crainte. Je n'ai jamais compris pourquoi l'on pense que la volonté de Dieu doive toujours être difficile. Nombre de chrétiens sont dans une telle confusion sur ce point que, si une chose est ardue, ils en concluent que c'est sûrement Sa volonté.

Servir le Roi est une JOIE. J'ai été tellement bénie! La volonté de Dieu a été un tel délice! J'y ai puisé tant de plaisir! C'est vrai que je me suis trouvée un jour dans un palais, le lendemain dans un village reculé, dormant à même le sol. Ces expériences m'ont apporté une égale récompense. Lorsqu'on va comme ambassadeur du Roi des rois, les circonstances de la vie ne comptent plus.

Le Roi de gloire est digne d'une race de choix, d'un sacerdoce royal, d'une nation sainte, Il est digne d'avoir un peuple à part. Il mérite que *"vous annonciez les louanges (les vertus) de celui qui vous a appelés des ténèbres à sa merveilleuse lumière"* (1 Pierre 2:9).

Prosternez-vous devant Lui.

ADOREZ LE ROI!

ADORATION DU BIEN-AIME: INTIMITÉ

Cantique

Je contemple Ta face]
Et T'adore ô mon Roi!] bis

*Qu'il me baise des baisers de sa bouche: car
ton amour est meilleur que le vin. A cause de
l'odeur de tes huiles précieuses. Ton amour est
semblable à un parfum répandu; c'est pourquoi
les jeunes filles t'aiment.*

Salomon

Dans les premiers temps où je me mis à développer avec le Seigneur une relation d'adoration, il m'arriva souvent, prosternée devant Lui, d'avoir une vision de Ses pieds. Cela devait correspondre à la mesure de ma foi dans l'adoration. Mais quand elle eût grandi, le Seigneur ne me laissa pas juste à Ses pieds. Peu à peu ma communion avec Lui se développa jusqu'à ce que je me tienne en Sa présence en Le voyant face à face.

Nous commençons par Le connaître comme Roi; ce qui est déjà glorieux en soi. Mais Il veut nous emmener plus loin. Que nous voyions en Lui non seulement notre Roi, mais notre céleste Époux. Son désir est que nous Le connaissions comme le Bien-Aimé, vibrant d'amour pour nos âmes et que nos âmes chérissent.

Quand nous L'adorons, répandons notre cœur devant Lui. Apportons à Ses pieds notre amour. Par

Lui nous sommes émus jusqu'au plus profond de notre âme. Nous, les occidentaux, sommes hésitants à laisser paraître nos émotions. Constamment réprimées, il vient un jour où il est nécessaire de les raviver. Dieu veut que tout ce qu'il a mis en nous soit plein de vie pour Lui. Il veut nous voir tressaillir au son de Sa voix, au toucher de Sa main, à la vue de Son visage. Il s'attend à ce que nous soyons tout bouleversés quand Il s'approche.

Quand des gens s'appliquent à adorer, mais ne ressentent pas un minimum d'émotion dans Sa présence, je les encourage à jeûner un peu. Le jeûne fait diminuer ce qui est du domaine naturel et accroît la sensibilité aux choses de l'Esprit; la perception intérieure se développe. Cette sensibilité, cette capacité d'émotions, jusqu'ici refoulée, se libère.

Quand le souffle du Saint-Esprit vous traverse, il devrait trouver un écho spontané, immédiat de votre part, en des mots tels que "Je T'aime Seigneur. Je T'exalte, je T'adore". Que votre bouche devienne la plume d'un habile écrivain! Répandez votre âme devant votre Dieu !

Peut-être avez-vous l'impression que tous les autres savent mieux adorer que vous? Ils semblent si éloquents, trouvent juste les bonnes paroles, pendant que vous êtes à batailler contre vos inhibitions. C'est faux! Ils savent peut-être mieux que vous faire une pizza; ou n'importe quel travail particulier, mais votre adoration vous est personnelle. Elle est *vous* de façon unique.

Elle touche le cœur de Dieu. Il aspire à entendre vos propres mots Lui disant votre amour, l'expression de votre cœur, les murmures de votre esprit. Même si vous vous exprimez dans le plus simple langage, ou encore par des soupirs, il ne faut vous comparer à personne. Dieu désire votre adoration, la vôtre!

Un jour, votre mari vous a épousée parce qu'il vous aimait. Ce n'est pas qu'il n'y ait pas eu des millions d'autres femmes, mais c'est vers vous que son cœur était attiré. Ainsi le cœur de Dieu est attiré vers chacun de nous individuellement, comme s'il n'y avait personne d'autre sur la terre. Vous pensez peut-être: "Il y a tous ces autres chrétiens qui L'aiment!" Certes, mais Il n'est pas satisfait, tant que vous ne répandez pas devant Lui votre amour. Vous ne pouvez pas compter sur une sœur de la chorale pour exprimer votre adoration à votre place. Il faut le faire vous même: Dieu vous attend.

Pleurez en Sa présence, non par souffrance mais par extase. Il voudrait que chacun connaisse l'extase de cette intimité de relation avec Lui. Contemplez-Le, adorez-Le! Prosternez-vous devant Lui. Le Père cherche des adorateurs.

Pour être de ceux-là, il vous faut faire mieux connaissance de ce grand livre Biblique qu'est le Cantique de Salomon. Plongez-vous dans sa lecture jusqu'à ce qu'il fasse partie de vous même. Au bout de quelque temps vous aurez presque l'impression que c'est vous qui en avez trouvé les paroles. Salomon avait simplement un peu d'avance sur vous et l'a mis par écrit. Au début, vous vous direz que vous auriez bien aimé être capable de composer ce poème. Ensuite, plus vous entrerez dans l'adoration, plus vous saurez que vous auriez pu le faire; parce que vous connaîtrez les mêmes expériences (celle où Dieu rend capable de s'exprimer "les lèvres de celle qui est endormie"). Lui-même va ouvrir votre cœur et toucher, exactement de cette manière, les profondeurs de votre être.

En hébreu ce livre est appelé "Shir Hashirim", ce qui signifie "Cantique des Cantiques" (comme en français). N'ayez pas peur de ses termes:

> *Qu'il me baise des baisers de Sa bouche: car Ton amour est meilleur que le vin. Par l'odeur agréable de Tes huiles précieuses Ton nom est comme un parfum répandu, c'est pourquoi les jeunes filles T'aiment.*   Chap. 1:2.3

Récemment des archéologues travaillant à des fouilles en Israël trouvèrent un flacon vieux de deux mille ans et ayant encore son contenu d'huile. Ils ont rapporté que sa consistance ressemblait à celle du miel, et sont persuadés que c'est là le type d'huile qui servait à l'onction des prêtres.

Quand on pense à l'huile d'onction sainte, on se la représente plutôt fluide. Et bien, elle était épaisse, grasse, lourde et collante. Quelle huile merveilleuse! "Ton nom est un parfum répandu".

Tombez amoureux de Jésus, à tel point que vous prononcerez Son nom avec précautions. Dîtes-Le toujours avec amour en pensant bien à ce que vous dîtes. Parfois, la plus belle adoration sera de simplement murmurer "Jésus", juste prononcer Son nom, en laissant le parfum qui s'en dégage envahir votre âme. Je me suis trouvée dans des réunions pendant lesquelles un divin parfum avait soudain rempli le lieu d'assemblée. Le Seigneur avait passé au milieu de nous alors que nous prononcions Son nom.

Cela m'est arrivé au printemps 1989. On eut tout à coup l'impression que quelqu'un avait ouvert un flacon d'un parfum de grand prix et l'avait répandu. C'était quelque chose qu'à Paris même on n'aurait jamais su produire. Quand cette odeur extraordinaire remplit le lieu, la gloire de Dieu était là, sensible. C'était grandiose!

Il y a quelques années, avec Sœur Janet Saunders, nous nous sommes rendues pour le Vendredi Saint, à l'église du Saint-Sépulcre, à Jérusalem. La Semaine Sainte est, là-bas, un moment vraiment spécial, qui compte encore plus que Noël à Bethléem. Nous assistons souvent, le Jeudi-Saint, au service qui commémore Jésus lavant les pieds des disciples, mais nous y allons rarement le Vendredi, tellement il y a de monde. Pourtant, ce jour-là, je me suis frayée un chemin au milieu de la foule jusqu'à la "Pierre d'onction", là où, d'après la tradition, Jésus aurait été déposé après la descente de la croix, et où l'on aurait oint et parfumé Son corps avant la mise au tombeau. Ce que je vis m'émut profondément. D'humbles pèlerins venus de Chypre, de Rhodes, de Crête et de Grèce, avaient apporté, chacun, une bouteille de parfum de prix. Je les ai regardés s'approcher de la pierre d'onction, ôter le bouchon de leurs flacons et en répandre le contenu sans réserve, jusqu'à la dernière goutte.

Certains, portant des fleurs, en arrachaient les pétales et les dispersaient tout autour. Il y avait des roses, des incarnats et bien d'autres, mêlant leur senteur aux différents parfums.

Ces gens adoraient avec larmes. Mon éducation non-liturgique ne m'avait pas préparée à ce spectacle, mais mon esprit en fut profondément touché. Je restai là, des heures, à pleurer. Je songeais: "Jésus depuis le temps que je Te sers, je n'ai jamais vu une telle intensité d'amour, manifestée à Ton égard, par autant de personnes rassemblées". Mon unique regret était que, ne l'ayant pas su d'avance, je n'aie pas eu, moi aussi, du parfum à répandre pour le Seigneur.

L'an dernier, le jour du Vendredi Saint, nous fûmes très occupés. Nous avions reçu plusieurs groupes durant la semaine et, le Vendredi, nous avions réunion le matin et le soir. Je me suis dit toute la journée que j'aimerais bien aller passer un moment à l'église du Saint-Sépulcre, mais ce ne fut pas possible.

Or sœur Paracleta est une humble religieuse, qui descend d'une famille royale du Nigeria. Quand je l'aperçus au service du matin de Pâques je réalisai que je ne l'avais pas vue de toute la semaine.

"Chère sœur, lui demandais-je, où étiez-vous?" "Oh, mama mia!" s'écria-t-elle toute joyeuse, en italien. (Elle avait vécu et étudié à Rome un certain temps). "J'ai passé la Semaine Sainte à l'église du Saint Sépulcre. J'y suis restée la nuit, priant nuit et jour". Parvenant à peine à contenir sa joie, elle poursuivit: " Vous souvenez-vous du parfum que vous nous aviez apporté au retour de votre dernier voyage en Amérique? J'avais gardé le mien. Je n'en avais pas utilisé une goutte. Je l'ai apporté à la pierre d'onction, Vendredi. J'étais folle de joie d'avoir du parfum à offrir au Seigneur, j'ai ôté le bouchon et j'ai versé sur la pierre tout le contenu de mon flacon."

J'étais heureuse. Quelqu'un que je connaissais avait fait ce geste. C'était comme si j'avais pu y être et l'accomplir moi-même.

Lorsque nous adorons c'est comme si nous nous approchions du Seigneur et répandions devant Lui notre parfum. Que ce ne soit jamais avec parcimonie, Lui accordant juste une ou deux gouttes. Soyons larges! Soyons généreux! Laissons notre amour jaillir du fond du cœur. Adorons Dieu avec des paroles d'amour. Il les mérite! Adorez-Le!

Que voulez-vous être? Moi je veux être un adorateur. Quelles sont vos aspirations pour l'avenir? Je veux être un adorateur, une adoratrice. Que demande le Père? Il cherche des adorateurs. Lui-même nous enseignera. Il nous donnera l'onction pour adorer. Il créera en nous l'adoration. Il saura nous toucher profondément, nous rendant capables d'être de ceux qui L'adorent en esprit et en vérité.

Un jour où j'avais partagé ce sujet auprès d'amis catholiques, en Angleterre, l'un d'entre eux me dit: "Je trouve formidable que vous souligniez l'importance du Cantique des Cantiques et de l'Apocalypse. Ce sont les deux livres que les grands saints d'autrefois, les pères de l'église méditaient le plus". Beaucoup ne lisent pas le premier, parce qu'ils ne le comprennent pas, et lisent le second, plus pour les calamités annoncées et les évènements des derniers temps, que pour son contenu de gloire.

Le cantique des cantiques n'est pas une allégorie. Si vous avez jamais lu une lettre d'amour ou un dialogue ressemblant à cela:

- dit-il,
- dit-elle.
- dit-il.
- dit-elle.
- dit-il.
- dit-elle.

suivi d'un commentaire sur ce qu'il ou elle a dit, alors vous n'aurez aucun problème avec ce livre. C'est le poème d'amour du fiancé pour la fiancée et de celle-ci pour lui.

Quelqu'un dira "Je n'ose même pas lire des paroles comme celles-là". Il y avait un frère dans notre groupe qui était gêné chaque fois que je prêchais sur ce livre. Ces mots tendres le mettaient mal à l'aise. Le Seigneur dirait-Il vraiment: "Tu es mon amie, ma colombe" pensait-il, perplexe. Il n'était pas le seul à trouver difficile de lire ce texte à haute voix. Puis le Seigneur a commencé à lui accorder une nouvelle expérience, très belle. Il se mit à prophétiser en termes poétiques. Pourtant ce frère n'avait pas dû lire beaucoup de poésie auparavant. Mais quand il donna des paroles prophétiques, ce fut sous cette forme-là. Après quoi il s'asseyait et pleurait, dépassé par les choses magnifiques que Dieu avait fait sortir de ses lèvres.

Dieu veut vous entendre exprimer en paroles votre amour pour Lui. Je suis sûre que la plupart d'entre vous ne Lui avez pas encore parlé aussi tendrement qu'il le voudrait. A partir de maintenant, faîtes-le. La

lecture du Cantique des Cantiques vous y aidera. Elle
va accroître votre aptitude à louer et adorer, à dire au
Seigneur à quel point vous L'aimez. On y trouve de si
belles descriptions du Seigneur.

> *Mon Bien-Aimé est pour moi un bouquet de*
> *myrrhe,*
> *Qui repose entre mes seins.*
> *Mon Bien-Aimé est pour moi une grappe de*
> *troène*
> *Des vignes d'En-Guédi.*
> *Que tu es belle, mon amie, que tu es belle!*
> *Tes yeux sont des colombes.*
> *Que tu es beau, mon Bien-Aimé, que tu es*
> *aimable :*
> *Notre lit, c'est la verdure.*   Chap. 1:13.16

> *Comme un pommier au milieu des arbres de la*
> *forêt,*
> *Tel est mon Bien-Aimé parmi les jeunes hommes*
> *J'ai désiré m'asseoir à son ombre.*   Chap. 2:3

> *C'est la voix de mon Bien-Aimé!*
> *Le voici, il vient,*
> *Sautant sur les montagnes,*
> *Bondissant sur les collines,*
> *Mon Bien-Aimé est semblable à la gazelle,*
> *Ou au faon des biches.*
> *Le voici, il est derrière notre mur.*
> *Il regarde par la fenêtre,*
> *Il se montre à travers le treillis.*   Chap. 2:8.9

Qui est celle qui monte du désert,
Comme des colonnes de fumée,
Au milieu des vapeurs de myrrhe et d'encens
Et de tous les aromates des marchands?

                                        Chap. 3:6

Qu'a ton Bien-Aimé de plus qu'un autre,
O la plus belle des femmes?
Qu'a ton Bien-Aimé de plus qu'un autre,
Pour que tu nous conjures ainsi?
Mon Bien-Aimé est blanc et vermeil;
Il se distingue entre dix mille.
Sa tête est de l'or pur;
Ses boucles sont flottantes,
Noires comme le corbeau.
Ses yeux sont comme des colombes au bord des
ruisseaux,
Se baignant dans le lait.
Reposant au sein de l'abondance.
Ses joues sont comme un parterre d'aromates.
Une couche de plantes odorantes;
Ses lèvres sont des lys,
D'où découle la myrrhe.
Ses mains sont des anneaux d'or,
Garnis de chrysolites,
Son corps est de l'ivoire poli,
Couvert de saphirs;
Ses jambes sont des colonnes de marbre blanc,
Posées sur des bases d'or pur.
Son aspect est comme le Liban,
Distingué comme les cèdres.
Son palais n'est que douceur,

Et toute Sa personne est pleine de charme.
Tel est mon Bien-Aimé, tel est mon Ami,
Filles de Jérusalem!   Chap. 5:9.16

Il y a un but derrière ces mots: le Seigneur veut que vous regardiez Sa face; que vous voyiez Ses yeux, Ses joues. Il désire que vous Le connaissiez d'une manière dont vous ne L'avez jamais connu jusque là.

Les juifs pensent que le Cantique des Cantiques fut composé pour la dédicace du temple. Certains ont même dit que le Cantique était plus important que le temple. Ce livre de quelques pages seulement a été pour nous une immense bénédiction.

Si vous pouvez vous procurer des cassettes de textes Bibliques, cherchez un enregistrement du Cantique des Cantiques. Mettez cette cassette dans votre autoradio, écoutez-la et réécoutez-la sans cesse. Que votre esprit en soit imprégné. Alors, quand vous vous mettrez à adorer, vous découvrirez en vous une nouvelle dimension d'expression.

Dieu désire éveiller votre cœur à l'amour, à l'adoration; éveiller en vous cette capacité de L'adorer.

Dans son livre "Le quatrième mur, Jérusalem et la Chine", Susan parle de l'église Chinoise. Le mouvement Tri-Indépendant représente l'église officiellement reconnue dans le pays, on l'a sévèrement critiqué à l'ouest, pensant qu'il était un instrument du gouvernement. Nous ne croyons pas qu'il le soit entièrement.

J'ai visité de nombreuses églises officielles à travers la Chine et j'ai découvert que c'était la seule église traditionnelle au monde où, lorsqu'on dit "Prions" toute l'assistance prie. Ils ne le font pas à haute voix, mais on peut voir sur eux l'esprit de prière. Qu'il est beau d'observer une assemblée toute entière où personne ne regarde à droite, ni à gauche, n'a l'air de rêvasser, ni de penser au repas du soir, ou à autre chose! Ils prient. Ils sont perdus dans la prière.

La vraie adoration c'est ainsi. Chaque fois que nous allons dans la Maison de Dieu, nous devons pouvoir rentrer chez nous, en sachant qu'à un moment du culte, nous avons répandu notre cœur devant Lui, dans l'amour, dans l'adoration.

Nous Le réjouirons si nous prenons la décision de ne plus aller dans Sa Maison sans L'adorer du plus profond de notre esprit; Christ prend plaisir en ceux qui trouvent en Lui leur joie, non pas uniquement à cause des bénédictions reçues, mais pour ce qu'il est, pour Lui-même. L'adoration est une attitude de cœur, dans laquelle l'être intérieur est prosterné devant Dieu. On ne voit plus personne. On ne pense plus à rien qu'à Dieu. On ne vient pas dans Sa présence avec une pétition ni une requête. On ne s'approche pas de Lui pour une guérison, ni pour quel-qu'autre besoin. Là, vous vous approchez de Lui parce que vous L'aimez et qu'il vous est indispensable de le Lui exprimer. L'adoration est un instant d'amour. Dieu déverse sur nous Son amour et, vers Lui, nous répandons le nôtre.

Dans le Cantique des Cantiques, la fiancée qui attend, ne dit pas:

- Je L'aime parce qu'il m'a guérie, ou sauvée, ou délivrée, rendue libre; ou parce qu'il m'a ramenée de loin, m'a conduite et guidée. Non, elle dit simplement: *"Il est mon Bien-Aimé. Il est mon Ami."*

Le Seigneur désire que nous Le connaissions si intimement que nous soyons capable de Le présenter aux autres, de Le décrire, par expérience personnelle; comme L'ayant vu, comme ayant entendu Sa voix, ressenti Son toucher.

J'ai, pendant des années, conduit les gens dans la louange derrière un micro. Mais la première fois que j'ai essayé de les introduire dans une adoration publique, je me suis sentie terriblement gênée,.l'adoration est quelque chose de si intime! Je me sentais nue et découverte en face de l'assemblée. Je me suis dit: " Je ne pourrai jamais faire cela " Alors le Seigneur m'a demandé: "Qui aidera Mon peuple à apprendre à s'exprimer de façon plus personnelle quand il M'adore, si tu ne le fais pas?" Par Sa grâce j'ai continué, avec hésitations, à conduire les croyants dans ce domaine particulier. On arrive à bien se relaxer dans Sa présence.

Parmi les plus belles expressions d'amour sont celles prononcées par des jeunes ou des nouveaux convertis. *"De la bouche des enfants et de ceux qui sont à la mamelle"* nous avons entendu Dieu amener la louange à sa perfection. Leur amour du Seigneur est d'une telle fraîcheur qu'il est contagieux. Dieu attend de chacun de nous que nous L'aimions tellement que cette flamme soit contagieuse, que les autres aient envie de L'aimer comme nous L'aimons.

Lorsque, toute jeune, je servais le Seigneur à Hong Kong, une des critiques qu'on m'adressait était que j'arrivais généralement à l'église "saturée de prière", trop emballée pour Jésus! La plupart de mes amis chrétiens travaillaient pour l'église de 9h. à 17h.

Beaucoup estimaient qu'après cela ils n'avaient plus envie d'emporter "du travail" à la maison. S'ils sortaient quelque part ils n'avaient aucun désir de parler de Dieu pendant la soirée. Dieu représentait leur travail à plein temps. Ce qu'ils souhaitaient au-dehors, c'était n'importe quel autre sujet de conversation. Je fus très souvent critiquée parce que je parlais de Lui constamment. Mais je ne peux pas m'arrêter de parler de Lui tout le temps, n'importe quand, partout et n'importe où.

L'amour que vous avez pour Jésus doit être si contagieux que les gens diront: "Je voudrais aimer Dieu comme l'aime cette personne! Avoir avec Lui une nouvelle relation, savoir Le décrire comme Celui qui est amoureux de mon âme. Je ne veux plus de limitations dans l'expression de mon amour pour le Seigneur".

Si nous sommes capables de parler librement sur n'importe quel sujet, ayons la même liberté pour parler de Jésus du fond de notre cœur.

Au début du Réveil Charismatique, j'ai eu le privilège de me trouver à Hong Kong et de pouvoir organiser des réunions avec les révérends David Du Plessis, Ed Stube et d'autres. Ces hommes disaient que les chrétiens de nom avaient la plus grande difficulté à articuler cette phrase si simple, "Jésus, je T'aime", du moins avant d'être remplis du Saint-Esprit. Mais une fois qu'ils parlaient en langues, leurs premiers mots dans leur langue naturelle étaient juste ceux-là.

Dieu est en train de faire venir un jour nouveau de gloire où il nous sera facile d'exprimer continuellement notre amour pour Lui, sans hésitation, sans le moindre embarras. Quand nous voulons Le décrire, disons: "Sa bouche respire la douceur et toute Sa personne est pleine de charme ".

Dans le Cantique des Cantiques, Il nous appelle à Le suivre dans les champs, et dit: "Là, Je te ferai connaître Mon amour"; Il nous attire à l'écart pour que nous puissions entendre Sa voix, cette voix qui est "semblable au bruit des grandes eaux". Tombez amoureux de Jésus! Adorez-le! Plus vous le ferez, plus vous aurez de Lui une connaissance personnelle. Plus vous serez proche de Lui, plus vous aurez envie de Le connaître encore mieux. Quand on Le connaît réellement, l'indifférence n'existe plus. Si celle-ci a encore une place dans votre cœur c'est que vous vivez trop près du monde. Vous êtes encore trop accaparé par les choses de la terre. Plus votre vie sera proche du Seigneur, plus vous aspirerez à entendre Sa voix. Oh, le son de Sa voix dans les heures d'obscurité, même si elle parle pour nous reprendre !

En séjour à Dallas, j'ai logé chez le Dr. Elisabeth Vaughan et Mme Géri Morgan. Un jour, j'étais en ville au volant de la Rolls Royce d'Élisabeth. Si le Seigneur avait des reproches à m'adresser, Il n'allait pas le faire pendant que je conduisais cette superbe voiture. Pourtant, Il me dit avec clarté *"Mes voies ne sont pas Tes voies, Mes pensées ne sont pas Tes pensées"*. C'était sensationnel. J'étais reprise, mais par le Seigneur. Cette voix si merveilleuse! Etre reprise par Lui, cela ne m'ennuie jamais. "Parle-moi, Seigneur, même si dans Ton amour c'est pour me faire un reproche!" me suis-je écriée. J'étais toute excitée ce jour-là.

"Mes voies ne sont pas tes voies. Mes pensées ne sont pas tes pensées". J'estimais que je me débrouillais assez bien pour connaître Ses voies et Ses pensées...

"Mes voies ne sont pas tes voies, Mes pensées ne sont pas tes pensées" Ses voies sont plus élevées, Ses pensées sont plus élevées. Il nous attire constamment des choses terrestres aux choses célestes, du naturel au surnaturel. Oh, le son de Sa voix! Il peut me reprendre aussi souvent qu'il le veut.

Un de nos problèmes, à nous américains, c'est que nous entendons trop de sons de toutes sortes, trop de voix différentes. Il s'en trouve même trop dans le ministère... Je déclare en plaisantant (car j'ai mes propres cassettes qui circulent) que j'aimerais en éditer une qui aurait pour titre: "comment apprendre à connaître la voix de Dieu?" et de la vendre dans tous les États-Unis. Si vous la mettiez dans votre magnétophone, vous auriez toute une heure de silence. "Apprendre à connaître la voix de Dieu" = une heure de silence!

Les américains qui vivent à l'étranger se trouvent fréquemment dans des endroits où ils n'ont personne à qui parler. J'ai voyagé dans des trains, des cars, des avions où personne ne savait l'anglais. Les gens parlaient entre eux, leur langue. J'ai appris dans ces moments-là, à m'entretenir avec le Seigneur.

Aux États-Unis, on est continuellement agressé par les bruits, il faut s'exercer à percevoir la voix douce du Sauveur. "Sa voix ressemble au bruit de grande eaux". Oh, l'émotion qu'elle procure! Rien d'autre au monde ne peut nous faire tressaillir comme elle.

Si on Lui ferme ses oreilles et que l'on fasse toujours tout pour ne pas L'entendre, si l'on n'en fait aucun cas, choisissant d'écouter autre chose, Il s'éloignera et s'adressera à quelqu'un d'autre. Mais si nous aimons le son de Sa voix, Il nous parlera, nous parlera encore et encore.

Avez-vous jamais appelé quelqu'un au téléphone pour lui dire "J'avais envie d'entendre ta voix?" Vous est-il arrivé d'entrer dans la présence du Seigneur en Lui disant: "Fais-moi entendre Ta voix. Je ne Te demande pas de me dire que je suis quelqu'un de bien, une personne merveilleuse; je ne Te demande même pas de m'indiquer une chose à faire, un lieu où aller, je voudrais juste entendre Ta voix!" Vous devriez le faire. Il attend ces mots de vous.

La fiancée du cantique des cantiques dit, avec délices :

> *C'est la voix de mon Bien-Aimé!*
> *Il vient, sautant sur les montagnes, bondissant sur les collines.*
> *Lui nous parle, en retour, si tendrement!*
> *Tu me ravis le cœur, ma sœur, ma fiancée,*
> *Tu me ravis le cœur par l'un de tes regards,*
> *par l'un des colliers de ton cou.*
> *Que de charme dans ton amour ma sœur, ma fiancée!*
> *Comme ton amour vaut mieux que le vin,*
> *Et combien tes parfums sont plus suaves*
> *Que tous les aromates!*
> *Tes lèvres distillent le miel, ma fiancée;*
> *Il y a sous ta langue du miel et du lait,*

*Et l'odeur de tes vêtements est comme l'odeur
du Liban,
Tu es un jardin fermé, ma sœur, ma fiancée,
Une source fermée, une fontaine scellée.
Tes jets forment un jardin, où sont des grenadiers,
Avec les fruits les plus excellents,
Les troènes avec le nard;
Le nard et le safran, le roseau aromatique et le
cinnamome,
Avec tous les arbres qui donnent l'encens;
La myrrhe et l'aloès,
Avec tous les principaux aromates;
Une fontaine des jardins, Une source d'eaux
vives,
Des ruisseaux du Liban.*

Cantique des Cantiques 4:9.15

*J'étais endormie, mais mon cœur veillait....
C'est la voix de mon Bien-Aimé, qui frappe:
Ouvre-moi, ma sœur, mon amie,
Ma colombe, ma parfaite!
Car ma tête est couverte de rosée,
Mes boucles sont pleines des gouttes de la nuit.*

Cantique des Cantiques 5:2

*Tu es belle, mon amie, comme Thirtsa,
Agréable comme Jérusalem,
Mais terrible comme des troupes sous leurs
bannières.
Détourne de moi tes yeux, car ils me troublent.
Tes cheveux sont comme un troupeau de chèvres,
Suspendues aux flancs de Galaad.*

> *Tes dents sont comme un troupeau de brebis,*
> *Qui remontent de l'abreuvoir;*
> *Toutes portent des jumeaux,*
> *Aucune d'elles n'est stérile.*
> *Ta joue est comme une moitié de grenade,*
> *Derrière ton voile....*
> *Il y a soixante reines, quatre-vingts concubines,*
> *Et des jeunes filles sans nombre.*
> *Une seule est ma colombe, ma parfaite;*
> *Elle est l'unique de sa mère,*
> *La préférée de celle qui lui donna le jour.*
> *Les jeunes filles la voient, et la disent heureuse;*
> *Les reines et les concubines aussi, et elles la*
> *louent.*
> *Qui est celle qui apparaît comme l'aurore,*
> *Belle comme la lune, pure comme le soleil,*
> *Mais terrible comme des troupes sous leurs*
> *bannières?*   Cantique des Cantiques 6:4.10

Il nous aime tant! C'est une excellente idée de comparer le Seigneur aux choses les plus précieuses de la vie. Bien sûr, Il est incomparable, mais Il aime nous entendre parler ainsi. Quand à vous maris, vos femmes savent bien qu'elles sont les plus jolies, mais elles aiment vous l'entendre dire. Elles ont besoin que vous leur rappeliez pourquoi vous les avez choisies. Dîtes au Seigneur en quoi Il est "Le plus beau entre dix mille". Que l'intimité ne vous fasse jamais peur.

Dans le Cantique des Cantiques, la Sulamite commence par employer le mot Roi, puis Berger, puis Celui qui aime son âme, enfin Bien-Aimé. Mettez-vous à connaître Dieu dans chacune de ces dimensions. Il y a des personnes qui s'irritent contre Dieu. Si vous avez besoin de vous fâcher, fâchez-vous contre n'importe qui mais ne vous irritez pas contre Lui!

Lorsque mes parents commencèrent leur ministère, ils mirent toutes leurs économies dans l'achat d'une tente et de son équipement. Tous deux avaient quitté leur emploi. Lors de leur première campagne de réveil, un orage détruisit cette tente. Mon père fut si en colère qu'il décida de rentrer à la maison et de reprendre son travail. Il dut parler mal contre Dieu car il se souvint que ma mère se mit à pleurer et lui dit: "Wallace, ne parle pas comme cela de Jésus!" Cela le toucha, lui qui semblait si fort, à côté de ma mère si fragile, et il se mit à réfléchir: "Si ma petite épouse peut supporter ce revers sans flancher, si elle est capable de surmonter l'épreuve, alors moi qui suis grand et fort, je dois le pouvoir aussi..."

Il ne songea plus jamais à laisser tomber. Ce sont les paroles de ma mère qui l'ont ému. Vous aussi, même si vous vous mettez en colère, ne parlez jamais contre Jésus. Quelles que soient les situations, Il reste toujours merveilleux. Je ne trouve rien à Lui reprocher. Toujours Ses voies sont élevées. Toutes sont saintes. Toutes sont Glorieuses.

ADOREZ LE BIEN-AIME AVEC INTIMITÉ!

LA GLOIRE

Ensuite tenez-vous dans la gloire!

LE DOMAINE DE LA GLOIRE

Cantique:

Il est si merveilleux.
J'aime Le contempler.
Il est si merveilleux:
Diadème des cieux!
Le contempler,
Et voir Sa beauté,
La beauté de Jésus,
Céleste majesté!

Contemplez Sa beauté!
Oh, regardez-Le!
Contemplez Sa beauté!
Diadème des cieux!
Contemplez Sa beauté!
Regardez et voyez:
La beauté de Jésus,
Majesté du Ciel!

Nous tous, le visage découvert, contemplant comme dans un miroir la gloire du Seigneur, sommes transformés en la même image, de gloire en gloire, comme par l'Esprit du Seigneur.

Paul

Qu'est-ce que la gloire? C'est le domaine de l'éternité. C'est la révélation de la présence de Dieu, la manifestation de Sa présence. Il est gloire. Il est partout, mais la gloire est la manifestation de cette réalité. Comme l'air est l'atmosphère de la terre, l'atmosphère du ciel, c'est la gloire, la présence de Dieu. Quand la gloire descend, c'est un peu de l'atmosphère du ciel qui vient sur nous, parfum de Sa présence sensible.

Nous ne pouvons pas voir l'air, n'est-ce pas? Mais chacun de nous mourrait s'il ne respirait plus. Nous n'en avons pas vraiment conscience, sauf quand nous voyons le vent agiter les feuilles des arbres. L'air, cependant, couvre la terre. De façon comparable, il n'est pas une parcelle du ciel qui ne soit comblée de gloire. Or, Dieu est en train de donner, à notre époque, un avant-goût de cette gloire: le ciel se manifestant sur la terre.

Dieu la révèle même à beaucoup de personnes de façon visible. Un jour à Dallas, j'ai prêché dans l'église de Dr. Fucia Pickette. A la fin du service un frère s'approcha et me dit:

- Sœur Ruth, pendant que vous parliez, nous avons vu la gloire venir comme une nuée, commencer à remplir les allées et lentement recouvrir l'auditoire. Plus vous parliez, plus la nuée s'élevait. Au moment où vous terminiez, elle se trouva au-dessus de nos têtes. Elle a continué à monter jusqu'à ce que, vous qui étiez sur l'estrade, nous ne puissions plus voir que votre tête.

Il est même arrivé qu'on ne puisse pas me voir du tout. Les gens n'apercevaient que la lumière de la gloire de Dieu. Il m'a été raconté en de nombreuses occasions que, dans des réunions, une nuée apparaissait formant comme le visage d'un homme et se tenait derrière moi pendant que j'exerçais le ministère. On a vu, d'autres fois, la nuée au-dessus de moi, à côté, derrière, ou en face de moi; parfois même, elle m'enveloppait complètement.

J'ai vu la gloire tomber comme des gouttes de rosée, comme des gouttes de pluie dorée. Elle a pris l'apparence d'une colonne de nuée, d'une colonne de feu, d'une sorte de brouillard aussi. Il y a des gens qui ont vu de petites étincelles, particules de gloire tombant du vêtement de Jésus. D'autres l'ont entrevue comme une fumée grise ou dorée. On peut l'apercevoir sous toutes sortes d'aspects... Peu importe comment, l'important c'est que chacun, vous la voyiez.

Certains ont aperçu le feu de Dieu, descendant comme une boule de flammes ou encore sous forme de langues. Ce qui compte ce n'est pas le vocabulaire qu'on emploie pour décrire la gloire mais c'est d'en expérimenter la réalité. Qu'elle descende au milieu du peuple de Dieu, la gloire de Sa présence! Aussi vrai que nous croyons en une louange créée, en une adoration créée, nous croyons en une gloire sortant des mains du Créateur.

> L'Éternel créera sur chaque habitation de la montagne de Sion, et sur ses lieux d'assemblées, une nuée de fumée le jour et un feu de flammes éclatantes la nuit: Car au-dessus de tous, la gloire sera là comme une protection.
>
> Esaïe 4:5, Version anglaise

Nous sommes juste en train de commencer à voir le jour glorieux du Seigneur! Dieu nous a montré qu'il est chaque jour possible d'expérimenter la gloire, simplement par la louange et l'adoration. Cela ne signifie pas que nous n'ayons pas, jusque-là, connu dans l'église ce qu'est la louange, ni l'adoration, ni même la gloire. Mais nous ignorions comment la louange, puis l'adoration, opéraient ensemble pour nous introduire dans la gloire.

Que je prie seule, avec trois ou quatre personnes, ou avec trois ou quatre mille, si je loue en persévérant jusqu'à ce que l'adoration vienne et que je continue à adorer, bientôt descendra la gloire! Passons du temps dans l'adoration, comme nous avons su en passer dans la louange.

Cela ne prendra pas forcément des heures. Dès que vous savez évoluer dans l'Esprit, vous pouvez en quelques instants gagner le lieu secret, le sanctuaire caché.

Jacob vit une échelle sur laquelle les anges de Dieu montaient et descendaient. Le mot hébreu pour "échelle", "sulam", a une valeur numérique de 136. Il en est de même pour le mot "kol" qui est la "voix", la voix devient ainsi l'échelle qui nous permet de nous élever. Il est fréquent de voir des anges dans nos réunions. Ils viennent parce que notre louange, jointe à l'adoration crée l'atmosphère du ciel. Louange + adoration amènent la gloire. Le Seigneur fait alors deux choses avec la gloire: Il la fait descendre sur nous et Il nous élève en elle. N'avez- vous pas faim de connaître la gloire?

Ne pensez jamais avoir dépassé le stade de la louange! Elle restera toujours indispensable. C'est la clé, l'introduction, le moyen pour s'élever. Il arrive souvent que quelqu'un essaie de commencer une réunion directement par l'adoration; cela ne marche pas aussi bien.

Dieu nous honore à cause de la faim et la soif de nos cœurs. Pourtant, si nous désirons une adoration intense, il nous faut une louange enthousiaste pour commencer. Si nous vibrons dans la louange, nous entrerons dans une profonde adoration, alors la gloire de Dieu se manifestera dans sa plénitude.

Peut-être n'avez-vous jamais "entendu" la gloire? Voici mon expérience sur ce point: c'était un dimanche de Pâques, il y a quelque années à Jérusalem. La journée avait été plus que remplie. Mon frère était parti tôt le matin avec le groupe qu'il conduisait, en direction de la frontière Jordanienne. Nous avions commencé la journée ensemble par le "Sunrise Service" (un service d'adoration au lever du soleil, le matin de Pâques) suivi d'un petit déjeuner servi à un grand nombre de personnes. Après les adieux au groupe de mon frère, il y eut le culte normal du matin, puis le repas de midi en commun. L'après-midi, nous sommes allés écouter une chorale interprétant "le Messie" de Haendel. Après le concert, c'était l'heure de notre service du soir, et je me demandais sérieusement si notre équipe n'allait pas être trop épuisée pour que la réunion soit vivante...

Or, elle venait à peine de commencer, qu'une de nos jeunes filles, Karen, donna une parole de l'Esprit. Était-ce une louange ou une prophétie? En tout cas, il y avait sur sa voix une résonance d'éternité, chargée de gloire. Ces mots apportèrent un souffle de rafraîchissement. Ce fut comme si chacun de nous venait, en une seconde, de prendre un mois de vacances. Nous étions en pleine forme pour le culte. Karen avait introduit l'éternité dans la réunion, par sa voix, qui portait en elle un son de gloire.

Si Hitler a pu exercer sur les masses, par sa voix, la puissance de contrôle néfaste que l'on sait, c'est le désir de Dieu d'avoir un peuple de croyants qui aient Son onction sur leurs voix.

Beaucoup ont critiqué Roland Buck pour son livre "Les anges en mission" où il raconte comment il a été visité par des anges. Mais dès qu'il parut ma mère m'en apporta un exemplaire quand elle vint à Jérusalem. Elle commença à me le lire et nous nous sommes mises à pleurer toutes les deux. Nous étions tellement bénies par les belles histoires qu'il racontait! Nous avons continué à lire, les larmes aux yeux et, plus nous poursuivions la lecture, plus nous pleurions. Nous savions que c'était de Dieu.

A l'époque où il était en butte à tant de critiques, quelqu'un nous apporta des cassettes où il expliquait les mêmes choses que dans son livre. En les écoutant, je reconnus sur sa voix, l'accent de ce qui est éternel. Je connaissais cet écho du ciel. Je connaissais cette résonance de gloire. Je n'avais même pas besoin d'écouter son récit. Le sceau de l'Esprit était là. Il y a une gloire sur la voix, qui bénit jusqu'au fond de leurs cœurs ceux qui écoutent.

Il en était ainsi avec William Branham. Un pasteur de l'église Réformée Hollandaise, Harold Bredeson, homme rempli de l'Esprit fut, lui aussi, utilisé par Dieu pour être en bénédiction à un grand nombre de croyants. J'ai été moi-même chaque fois, bénie par son ministère à cause du son de la gloire sur sa voix.

Certaines personnes ont cela même quand elles ne sont pas en train de louer ou d'adorer Dieu. Elles peuvent aussi bien parler du prix des légumes, ou du riz en Chine, cela demeure en elles.

La voix de Jésus devait être vibrante de gloire. Dieu veut mettre cette marque sur nous. Nous l'obtiendrons au fur et à mesure que nous élèverons nos voix pour Le louer et L'adorer.

> *Car en lui vous avez été comblés de toutes les richesses qui concernent la parole et la connaissance.*   1 Corinthiens 1:5

> *Que la grâce et la paix vous soient multipliées par la connaissance de Dieu et du Seigneur Jésus-Christ selon que sa divine puissance nous a donné tout ce qui contribue à la vie et à la piété, par la connaissance de celui qui nous a appelés à la gloire et à la vertu.*   2 Pierre 1:2,3

Il ne suffit pas que la gloire de Dieu soit révélée en Chine, en Afrique ou en Asie. Il me faut aussi vivre moi-même à un niveau où elle se révèle dans ma vie. Plus elle sera révélée, plus la grâce et la paix me seront multipliées. La gloire opère en nous, pour nous rendre vainqueurs sur tous les plans. Elle travaille à nous élever à un niveau d'excellence. Nous devrions être réputés pour la qualité de notre esprit et de notre ministère. La seule méthode pour atteindre cette excellence, est de connaître le domaine de la gloire de Dieu.

> *Car il a reçu de Dieu le Père honneur et gloire, quand la gloire magnifique lui fit entendre une*

*voix qui disait: Celui-ci est mon Fils bien-aimé, en
qui j'ai mis toute mon affection.*   2 Pierre 1:17

Peut-être que vous vous dîtes: "Sœur Ruth, je pensais qu'il nous fallait la gloire afin de voir des miracles de guérisons et de délivrance". Certes, nous voulons aussi ces choses, et elles viennent avec la gloire. Mais tout le monde n'est pas malade, tandis que chacun a besoin de grâce et de paix!

Il y a plusieurs années de cela, à Jérusalem, le Seigneur m'appela à donner, à notre École Biblique, un enseignement sur la gloire. Je ne me sentais pas vraiment équipée pour cela. J'appelai donc une sœur, Victorine Cheek, vétéran du mouvement de Pentecôte, qui était depuis de longues années, une autorité dans l'enseignement Biblique. Elle donnait un cours pour nous une fois par semaine. "Sœur Victorine, lui demandai-je, accepteriez-vous d'enseigner sur la gloire? Dieu m'a dit qu'il voulait que nous fassions une étude sur ce sujet". Elle répondit: "Oui" Mais, plus tard, revint sur sa décision et rappela pour me dire qu'elle ne se considérait pas prête à conduire un tel programme. Bon! Je savais le désir de Dieu que nous progressions dans ce domaine, je décidai donc d'enseigner moi-même ce que j'en avais déjà découvert. "Je vais partager avec vous tout ce que je sais sur la gloire", dis-je à notre groupe, le premier jour. "Ensuite, il va falloir nous en remettre à Dieu pour qu'il élargisse notre révélation dans ce domaine". Et nous avons fait ainsi.

Or, lorsqu'on prêche sur le salut, les gens sont sauvés. Quand on prêche sur la guérison, on voit des guérisons. Si l'on proclame le pouvoir de Dieu pour répondre aux besoins financiers, les gens entrent dans la vision d'un Dieu qui pourvoit. Eh bien! Quand, ensemble, nous avons médité sur la gloire, nous avons commencé à en recevoir une plus grande révélation!

Dieu dans Sa fidélité, Se mit à nous instruire. Cependant, dès que nous avons plongé nos regards dans la gloire, nous avons découvert que l'ennemi de nos âmes avait en réserve une multitude de tactiques pour tâcher de détourner notre attention de ces précieuses valeurs, afin de nous tenir préoccupés par les difficultés de la vie quotidienne. C'est alors qu'un de nos jeunes reçut ce chant:

> *Du feu de Dieu, ne va sortir*
> *Que de la gloire! Que de la gloire!*
> *Et nous, quel est notre désir?*
> *Rien que la gloire! rien que la gloire!*
> *Et vers Qui montent nos soupirs?*
> *Rien que Jésus! Rien que Jésus!*

Nous avons pris la détermination de ne plus nous laisser arrêter ni distraire par quoi que ce soit et nous avons concentré nos efforts sur la gloire. Depuis, lorsque nous nous réunissons, il est bien rare que n'en soit pas sensible, au milieu de nous, une merveilleuse visitation.

Au début, nous utilisions pour nos réunions, l'église catholique de Saint-Pierre en Gallican: ce fut l'occasion d'une expérience œcuménique extraordinaire, allant bien au-delà de tout ce qui se passait à Jérusalem, à l'époque, dans ce domaine.

Nous ignorions pour combien de temps nous serait accordé le privilège d'adorer sur le Mont Sion. Nous ne connaissions que le début des plans de Dieu à notre égard. Alors nous Lui avons fait la promesse de venir chaque soir Le louer et L'adorer avec tout ce qu'il avait mis en nous. Même les soirs où il faisait froid, le Seigneur nous a aidés à tenir cette promesse.

Nous venions chaque fois adorer comme si c'était la seule soirée qui nous serait donnée sur la Montagne de Sion. Et pourtant, nous avons emprunté cette église pendant presque dix ans et sommes restés en très bonne relation avec les Pères.

La louange est l'entrée dans la présence du Seigneur. L'Esprit d'adoration vient à mesure que nous pénétrons dans une plus grande onction. Quelqu'un a dit qu'on doit avancer en une plus grande profondeur, si l'on veut s'élever plus haut. Pour moi, c'est comme la question de l'œuf et de la poule: quel fut le premier, l'œuf ou la poule? Je crois personnellement qu'il faut monter plus haut, pour pouvoir avancer plus profondément. Dans la louange, on s'élève. Plus enthousiaste sera la louange, plus profonde sera l'adoration. La première fait descendre l'onction, la seconde, la gloire. Si vous voulez la gloire sur chaque réunion, il faut qu'il y ait adoration dans chaque réunion. Car de même que nous louons jusqu'à l'adoration, de même il nous faut adorer jusqu'à ce que vienne la gloire.

Il y a des services où il est possible d'adorer assez longtemps. J'aime ceux du matin car nous pouvons nous donner tout le temps de louer et d'adorer jusqu'à la gloire. Quand elle est là, il se passe deux choses, l'esprit de révélation commence à agir dans nos cœurs, et, en plus, nous sommes changés par la gloire.

> *Or, le Seigneur est l'Esprit: et là où est l'Esprit du Seigneur, là est la liberté.* 2 Corinthiens 3:17

Cette liberté nous vient tandis que nous adorons. Le verset 18 dit:

> *Nous tous qui, le visage découvert, contemplons comme dans un miroir, la gloire du Seigneur, sommes transformés en la même image, de gloire en gloire, comme par l'Esprit du Seigneur.*

Avancez-vous jusque dans la gloire et voyez les choses merveilleuses que Dieu a en réserve pour vous!

Une des conditions primordiales pour que la gloire se révèle, c'est l'unité. Nous nous sommes aperçus qu'il était possible de chanter les mêmes chants, de danser les mêmes danses, sans être dans un même esprit. Mais la gloire ne vient pas avant qu'il y ait unité d'esprit. Quand on est un dans l'Esprit, immédiatement la gloire descend. Votre désir de la connaître vous permet de laisser de côté une foule de choses sans importance, pour lesquelles vous luttiez autrefois et qui en réalité sont insignifiantes à la lumière de l'éternité.

Dans un orchestre, les musiciens accordent chacun leur instrument et ensuite suivent la baguette du chef. Ils ne se préoccupent pas de savoir s'ils sont exactement synchronisés entre eux. Au contraire, si chacun suit parfaitement le chef d'orchestre, ils sont automatiquement en harmonie les uns avec les autres. Le Seigneur nous a montré que si, à n'importe quel moment du culte, tout le monde est, ensemble, centré sur Lui, c'est l'unité. Dans un refrain, il y a cette phrase que j'aime beaucoup:

> *Oubliez-vous vous-mêmes*
> *Concentrez-vous sur Lui.*
> *Adorez-Le Lui seul!*

Un matin nous étions tous très fatigués en arrivant à la réunion de prière à Bethléem. Le service avait fini tard la veille au soir. Or un jeune homme, juste ce matin-là, grimpa en deux minutes au sommet de la Montagne de Dieu. De là-haut, il agitait sa bannière disant "J'y suis! J'y suis!". Le reste d'entre nous n'avions pas encore atteint le pied de la Montagne.

Aux premiers temps de la Pentecôte, quand quelqu'un était béni, les autres étaient contents pour lui et se tenaient là, à le regarder recevoir sa bénédiction. Mais, ce matin-là, j'ai tapé sur l'épaule de mon frère et lui ai dit: "Reviens en bas et montons tous ensemble!" Ce n'est plus le moment qu'une personne soit seule à voir la gloire, tandis que les autres restent assis à écouter. Oh, non! C'est le temps où toute chair va la voir au même instant. Il n'existe rien de plus grandiose, qu'une révélation de la gloire donnée à toute une assemblée collectivement.

Ce fameux matin, le frère redescendit de sa montagne et nous continuâmes à louer, à nous élever jusqu'à ce que tout le monde ensemble arrive en haut. Puis, ensemble nous avons adoré et la gloire est venue. Au bout de deux heures, tapant sur l'épaule du jeune homme, je lui ai demandé: "N'est-ce pas mieux ainsi?" "Oui, dit-il, c'est mieux quand nous voyons tous la gloire ensemble!"

Dieu nous montre comment s'y prendre. Ce qui jusqu'alors était une expérience individuelle, se produit aujourd'hui au niveau de l'assemblée. Ce caractère collectif de la louange dans l'église, était tout à fait nouveau pour les gens, lorsque nous sommes arrivés à Jérusalem pour la première fois.

> *Oh, que les hommes louent le Seigneur*
> *Pour sa bonté, pour ses œuvres merveilleuses*
> *envers les enfants des hommes!*
> *Qu'ils l'exaltent dans l'assemblée du peuple*
> *Et qu'ils le célèbrent dans la réunion des anciens.*
> Psaume 107:31.32

Pasteurs, ou vous qui dirigez le groupe de musique, ne soyez pas découragés lorsque vous essayez de vous engager dans cette voie et que cela semble ne pas marcher. Dieu vous instruira. Il arrive qu'on apprenne davantage par des échecs. On devient au moins, conscient de ne pas faire comme il faut. Tandis qu'avant, on ne s'en rendait même pas compte. On se contentait de conduire le culte et la liturgie comme on l'avait toujours fait.

Mais aujourd'hui, nous voulons que la gloire de Dieu soit manifestée au milieu du peuple. Alors Il nous aide à comprendre comment Le louer, comment Le glorifier et L'adorer jusqu'à ce que Sa gloire se révèle.

Quand nous sommes dans l'adoration, nous réalisons bien mieux la qualité de l'amour divin. Mais dans la gloire, c'est de Sa sainteté que nous prenons conscience. Voilà pourquoi les anges s'écrient: *"Saint! Saint! Saint!"*

> *Et ils se criaient l'un à l'autre, disant: "Saint! Saint! Saint est l'Éternel des armées; toute la terre est pleine de sa gloire!"*   Esaïe 6:3

Quand nous pénétrons dans la gloire, non seulement nous comprenons pourquoi les anges crient ces mots, mais nous nous joignons à eux!!!

LE DOMAINE DE LA GLOIRE EST CELUI DE L'ÉTERNITÉ!

LA GLOIRE APPORTE L'AISANCE

Cantique:

Que la gloire vienne apporter
L'aisance et la facilité
Dans la gloire l'âme est tranquille
Dans l'Esprit tout devient facile!

J'aime Tes voies Seigneur,
Tes voies dans les lieux élevés;
J'aime Tes voies Seigneur,
Tes voies dans la Nuée!

Efforçons-nous donc d'entrer dans ce repos, de peur qu'aucun de nous ne tombe en suivant le même exemple d'incrédulité.

Paul

La première remarque à faire concernant le domaine de la gloire, c'est que tout y devient aisé. La gloire touche dans ce sens toutes les dimensions du ministère. Dans celui de la guérison, par exemple, on a pu, jusque-là, prier pour les malades selon une certaine dimension de foi, mais dès qu'on évolue dans le domaine de la gloire, la guérison survient, tout simplement. Il n'y a plus de combat.

La gloire nous met à l'aise pour ce qui est des finances; alors que nous devions demander aux croyants de faire des offrandes pour le Seigneur, et même quelquefois les presser de le faire; quand la gloire est présente, ils donnent spontanément et de bon cœur. Quoique ce soit que Dieu nous ait appelé à faire, dans une branche ou une autre du ministère, la gloire permet de le faire sans lutte, sans peine, sans effort. Elle nous donne l'impression que le Saint-Esprit nous porte comme sur les montagnes. Il n'y a plus qu'à laisser agir le Roi de gloire. Plusieurs fois la question suivante m'a été posée: "Que doit-on faire dans les situations tragiques de la vie?"... Si c'est possible, isolez-vous, seul avec Dieu et mettez-vous à Le louer; puis entrez dans l'adoration, permettez à la gloire de descendre et vous vous surprendrez à être vainqueurs, vous vous apercevrez que Dieu œuvre en votre faveur.

Il y a quelques années, revenant tout juste d'une tournée Outre-Mer, j'entrai dans notre maison de Jérusalem. Jamais la gloire ne m'avait été sensible comme elle l'était ce jour-là. Je ressentais la présence de Dieu, c'était impressionnant!. Ni avant, ni depuis, je n'ai éprouvé une telle crainte respectueuse. Beaucoup connaissent ce "saint silence" après un temps magnifique de louanges et de joie, suivi d'intense adoration: on a l'impression qu'un chef d'orchestre vient d'imposer un silence, après un crescendo et tout le monde se tait, dans la majestueuse présence de la gloire de Dieu.

C'est ce que j'ai ressenti ce jour-là, à Jérusalem, comme jamais auparavant. J'ai réalisé en cet instant, combien c'était simple de ressusciter les morts et de guérir toutes sortes de maladies et d'infirmités. C'était si facile au milieu de la gloire! Si facile de voir des gens se lever de leurs fauteuils roulants ou de leurs brancards! Si aisé de voir s'ouvrir les yeux des aveugles et les oreilles des sourds! Quand la gloire est là, rien n'est impossible! Elle demeura ainsi avec nous pendant deux ou trois heures. Comme Il le fait souvent, Dieu nous donnait l'avant-goût d'un jour plus grand, pour que nous puissions nous encourager et en encourager d'autres, à s'élever jusqu'au domaine de la gloire.

Il me révéla alors que, si mon cœur n'abritait aucun germe de mort, tel qu'amertume, conflits ou critiques, rien venant de la mort, c'est moi qui lui donnerais des ordres. Mais si la mort travaille à l'intérieur de moi, je n'ai aucune autorité sur elle. Si seule la vie coule dans mon être, je peux commander à la mort au Nom du Seigneur! Il faut que nous nous mettions à marcher dans le pouvoir de résurrection de Dieu. Si nous vivons au milieu de la gloire, alors nous verrons le miraculeux comme le monde ne l'a jamais vu.

Katherine Kuhlman exerçait son ministère à ce niveau-là. Elle voyait Dieu à l'œuvre et ne faisait que proclamer à haute voix ce qu'il était en train d'accomplir. William Branham, lui aussi travaillait dans cette dimension.

Quelques personnes se lèvent aujourd'hui qui commencent à apprendre à évoluer dans l'abondance de la gloire. Bientôt ce seront des congrégations entières, que Dieu va lever, sur toute la face de la terre, qui sauront agir dans la gloire. Ayant appris la bonne manière de louer et étant un peuple qui loue (ce que nous n'étions pas autrefois); ayant appris à adorer et étant devenus un peuple d'adorateurs (ce que nous n'étions pas dans le passé) permettrons-nous à Dieu de nous entraîner maintenant à être pour Lui le peuple de la gloire, avec une onction de gloire?

L'Écriture dit:

> *Car la terre sera remplie de la connaissance de la gloire de l'Éternel comme le fond de la mer par les eaux qui la couvrent.*   Habacuc 2:14

Dieu ne dit pas que sa gloire viendra sur le monde avec ou sans nous. Non! Il a toujours utilisé des vases de terre. Donc, s'il est vrai que nous sommes à la veille d'un déploiement de Sa gloire sur la terre, cela se fera à travers des gens comme vous et moi. Devenons des familiers de la gloire. Il faut que nous en expérimentions la réalité comme jamais auparavant.

N'importe quel enfant de Dieu, rempli de l'Esprit, possède le privilège d'introduire la gloire et une facilité de contact avec Dieu, dans une réunion, dans sa propre vie, dans sa maison, dans son église, dans sa communauté et même dans son pays. C'est avec notre voix que nous le faisons: une voix qui s'élève provoque un changement d'atmosphère là où elle se fait entendre. Mon ami Don Walker dit ceci: "La productivité d'une semence n'est pas déterminée par la semence elle-même, mais par le terrain. Celui qui est préparé par l'Esprit reçoit la semence, qui produit alors au centuple". Dans le rayonnement de la gloire, nous sommes une terre fertile capable de produire cent grains pour un.

Quand la gloire est là vous n'avez plus à peiner comme avant dans l'exercice du ministère. Vous n'avez plus autant de mal à vous donner dans le domaine de vos affaires. Vous n'avez plus autant d'efforts à faire pour que tout aille bien dans votre vie de famille. Où règne la gloire il y a un repos, tout devient facile.

> *Efforçons-nous donc d'entrer dans ce repos, afin que personne ne tombe suivant le même exemple d'incrédulité.*
>
> Hébreux 4:11, Version anglaise

Ici l'apôtre nous met devant un paradoxe: il y a une lutte, un labeur, oui, mais c'est **pour entrer!** Une fois qu'on est entré, on connaît le repos.

LA GLOIRE APPORTE FACILITE, AISANCE.

LA GLOIRE APPORTE
LA RÉVÉLATION

Chant:

Debout, dans la gloire du Seigneur)
Je Le vois face à face) Bis
Mon glorieux Seigneur)

Car Dieu qui a commandé que la lumière jaillisse du sein des ténèbres, a fait briller sa lumière dans nos cœurs pour mettre l'éclat de la connaissance de la gloire de Dieu sur la face de Jésus-Christ.

Paul

La gloire est chargée de révélation. Lorsque la présence de Christ se manifeste, les gens ont les yeux ouverts dans ce domaine de la gloire. La révélation commence toujours par la personne de Jésus. Au début, quand vous commencerez à Le voir, ce sera très simplement: certains voient seulement Ses pieds, d'autres Ses mains, d'autres Son visage.

D'où vient-elle, *"la lumière de la connaissance de la gloire de Dieu?"* Elle vient précisément *"de la face de Christ"*. C'est pour cela qu'au début d'une réunion, je commence à louer Dieu; puis je continue jusqu'à l'adoration et, pendant que j'adore, je me mets à contempler le Seigneur. La gloire communique une onction qui ouvre les yeux sur l'invisible. Je suis certaine que parmi vous, beaucoup n'ont encore jamais vu la face du Seigneur. Mais je peux vous garantir que si vous adorez jusqu'à ce que la gloire descende, vous commencerez à Le voir, vous aussi. Plus vous adorerez, plus la gloire sera présente, plus vos yeux seront ouverts; vous en arriverez au point de ne plus jamais adorer sans voir le visage de Jésus!

"La connaissance de la gloire de Dieu" vient de *"la face de Jésus-Christ"*. Soyons donc de ceux qui voient Sa face! Ne considérons pas cela comme le privilège de quelques personnes mises à part. Dieu a donné à chacun des yeux, qu'il veut oindre pour une vision spirituelle. Aux premiers temps du réveil de Pentecôte, on n'enseignait pas cela. On croyait aux visions et il se trouvait toujours quelqu'un qui en recevait et en faisait part aux autres. Or, cette absence d'enseignement fit que la plupart des chrétiens restèrent des années privés de toute vision. Mais un jour à Jérusalem, Dieu nous a parlé. Il nous dit que, dans le naturel, l'homme normalement voit, entend, éprouve des émotions. Celui qui n'entend pas, on dit qu'il est "sourd", s'il entend mal qu'il est "dur d'oreille". Quelqu'un qui ne voit pas est "aveugle" ou bien "malvoyant", si les troubles sont moins graves. Personne n'a jamais enseigné que tous ont l'aptitude de voir dans l'Esprit.

Dieu désire nous amener jusqu'à Son trône en vision. Il veut nous montrer le visage de Jésus. Un regard sur Jésus et je suis changée. Chaque fois que je me tiens dans la gloire, je suis un peu plus transformée. Chaque fois que je contemple Sa face, j'ai le désir de Lui ressembler davantage. Il est le modèle. C'est dans la gloire que je Le vois et que j'éprouve ce désir.

Même sans connaître ces choses, la plupart des croyants souhaitent ressembler à Jésus. Mais dans la gloire, je sais ce que cela signifie. Je ressens Sa compassion; j'ai une révélation de Sa sainteté, de Son amour, de Sa miséricorde. Dans la gloire j'ai de Lui une connaissance que je ne pouvais atteindre par aucun autre moyen. Le Seigneur veut pour nous cette onction qui ouvre les yeux. Tout ce que vit Ézéchiel, tout ce que vit l'Apôtre Jean, vous et moi pouvons le voir aussi. Nous n'avons simplement pas été suffisamment instruits sur la vision dans le monde spirituel. Dieu m'a vraiment montré que si les gens sont enseignés il leur devient facile de voir la face de Jésus. J'ai voulu en faire l'expérience à notre Conférence d'été, alors j'y ai beaucoup parlé sur ce sujet. (N.D.T: Au sujet des Conventions d'été organisées par la famille HEFLIN, voir note à la fin du livre).

Sœur Gladys Faison fréquentait notre église depuis quinze ou vingt ans et, un soir de cette Convention, elle vint sur l'estrade, en larmes.

- Gladys, lui demandai-je pourquoi pleurez-vous?

- Je suis tellement bénie! s'exclama-t-elle. Depuis tant d'années je lutte, je bataille et fais des efforts désespérés dans le but d'avoir une vision du Seigneur, du ciel, des choses éternelles, sans aucun résultat! Mais cette semaine, pendant que nous chantions dans l'Esprit, j'ai vu le Seigneur, tous les jours. J'ai vu les cieux. C'est venu si facilement! Je n'aurais jamais cru que ce puisse être si simple!

Des dizaines d'autres personnes ont vécu la même chose. Il m'est arrivé de visiter des églises comptant plusieurs centaines de membres, sans qu'aucun n'ait jamais vu la face du Seigneur. Puis tandis que l'assemblée se tenait debout dans l'adoration, au bout de dix ou quinze minutes, au moins cinquante personnes ont vu le Seigneur pour la première fois.

Pourquoi à ce moment-là et pourquoi si facilement? Parce qu'elles ont appris que c'était possible et qu'elles se sont attendues à Le voir. Si vous levez les yeux dans l'attente d'une vision, vous commencerez à en recevoir.

> *Or le Seigneur c'est l'Esprit et, là où est l'Esprit du Seigneur, là est la liberté. Nous tous qui, le visage découvert, contemplons comme dans un miroir la gloire du Seigneur, sommes transformés en la même image, de gloire en gloire, comme par l'Esprit du Seigneur.* 2 Corinthiens 3:17.18

Quelles que soient les expériences que vous ayez pu faire avec le Seigneur, il n'y en a pas de plus formidables que de contempler Son visage. Dans la gloire, on apprend, progressivement, comment s'approcher et Le voir plus souvent. Il nous paraît alors beaucoup moins inaccessible. Ensuite, ce n'est plus obscurément "comme à travers un miroir" que vous vous mettez à Le voir, mais "face à face!"

Je me souviens d'une époque où je languissais d'avoir de Jésus une vision claire. Certains de mes amis l'avaient reçue et pas moi. Je ne savais comment m'y prendre. Je souhaitais infiniment que quelqu'un vienne donner un séminaire sur ce sujet. J'avais faim, une telle faim de voir Sa face. Combien je suis reconnaissante qu'il m'ait donné la clef!

Je me rappelle encore le temps où Irène pleurait parce que tous avaient des visions et pas elle. Aujourd'hui l'Esprit de révélation opère en elle de façon si belle, que c'est une joie de l'avoir dans une réunion.

Si vous louez jusqu'à entrer dans l'Esprit d'adoration et que vous adoriez jusqu'à ce que la gloire descende, vous verrez le Seigneur. Il se montrera avec splendeur et de diverses manières. Vous allez Le voir de plus en plus clairement et Le connaître de façon de plus en plus personnelle, jusqu'à ce que votre cœur se mette à battre d'un tel amour pour Lui, que vous pourriez bien arriver à composer votre propre "Cantique des Cantiques!"

J'ai été des années à me demander pourquoi la Parole emploie si souvent l'expression: "Cherchez Ma face". Depuis que je suis devenue une adoratrice, j'ai appris que c'est là qu'on découvre la volonté et les desseins de Dieu. Alors que vous contemplez le visage du Seigneur vous comprenez Ses intentions, vous connaissez Sa pensée et Ses désirs, vous voyez Son cœur.

En contemplant Sa face, j'ai vu les champs de la moisson du monde. Je l'ai regardée et j'ai vu la carte du monde. Ce qu'a vu l'Apôtre Jean est un très bon exemple pour nous. Tout ce qu'il a vu, nous pouvons le voir. Dans presque tous les chapitres de l'Apocalypse on trouve les mots: *"Je vis"*.

Je me retournai pour voir la voix qui me parlait et après m'être retourné, je vis sept chandeliers d'or.
                                        Apocalypse 1:12

Jean s'est retourné pour voir. Rendons grâce à Dieu pour les retournements qui nous font plonger les regards dans la gloire. Il y a des gens que les changements contrarient, d'autres qu'ils effrayent. "Ne me demandez pas de m'engager dans une autre direction afin de voir Dieu", disent-ils. Alors que, peut-être, le plus léger tour de tête suffirait à les amener au point où ils verraient. Ne vous découragez pas dans votre effort personnel quand il s'agit de chercher Dieu!

Jean s'est retourné et il a vu. Qu'a-t-il vu? "Sept chandeliers d'or". A la fin du chapitre on apprend que "les sept chandeliers sont les sept églises". Si vous avez un problème pour voir le Seigneur, sachez ceci: Il se laissera toujours trouver au milieu de Son peuple, au cœur de l'assemblée. Il y a des gens dont la vie a traversé de telles détresses, qui portent des fardeaux si lourds et sont si durement éprouvés, qu'ils s'enfuient loin de l'église. Ils s'éloignent de la religion, et s'écartent de ceux qu'ils aiment, en disant: "J'en ai assez! J'ai trop souffert, je ne veux plus voir personne!"

Vous trouverez toujours le Seigneur au milieu des églises, quelles que puissent être leurs imperfections. Car c'est là qu'il désire se laisser trouver, qu'il aime se laisser voir. Il aime l'Église: Il s'est livré Lui-même pour Elle.

Peu importe le lieu, que ce soit une cathédrale gothique ou un appartement de banlieue, Christ aime l'Église et sera toujours manifesté au milieu d'Elle. Si votre désir est de voir le Seigneur, cherchez-Le dans l'Église.

"Jean se retourna et vit sept chandeliers d'or:

> *Et au milieu des sept chandeliers d'or, quelqu'un ayant l'apparence du Fils de l'homme, vêtu d'une longue robe, avec une ceinture d'or sur la poitrine. Sa tête et Ses cheveux étaient blancs comme de la laine blanche, comme de la neige; et Ses yeux étaient semblables à une flamme de feu.*
>
> Apocalypse 1:13.14

J'ai plongé mes regards dans Ses yeux de flamme, et j'ai senti Son amour comme un feu dévorant. Le feu de Son amour ne pourra s'éteindre avant que tous Ses plans pour le monde ne se soient accomplis. Sa passion pour les âmes des hommes, pour l'humanité perdue, ne diminuera jamais. J'ai regardé dans Ses yeux et j'y ai vu les nations du monde. J'y ai vu les cris de Son cœur, suivant les époques et ce qui se passait sur la terre.

Voulez vous voir le cœur de Dieu? Regardez dans les yeux de Christ! La connaissance et la sagesse découlent des yeux du Seigneur. Peut-être apercevrez-vous Sa bouche ou quel-qu'autre de Ses traits? Alors tandis que vous demeurerez dans Sa présence, Il vous montrera sans doute d'autres choses, mais cela, seulement si vous en prenez le temps... Nous n'avons pas toujours le temps pour ce que le Seigneur désire nous montrer. Il se pourrait que ce soient des parties du ciel, ou Son merveilleux jardin de roses, Son jardin d'amour qui est plus grandiose que les jardins de Shalimar au Cachemire, en Inde; que tous les jardins les plus célèbres du monde. Là, point d'épines sur les roses, aucune fleur qui se fâne. Peut-être encore vous montrera-t-Il les arbres de Son ciel en pleine floraison?....

Il se peut qu'il vous fasse visiter l'amphithéâtre réservé à la musique. Quand j'ai vu cette pièce, cela m'a fait penser aux immenses bibliothèques, avec des rayonnages élevés, qu'on atteint au moyen d'échelles glissant sur des rails. J'ai vu des anges sortir des manuscrits, qu'ils plaçaient dans la bouche des croyants désireux de chanter au Seigneur des chants nouveaux. Vous verrez peut-être un ange choisir un chant nouveau et s'apprêter à le mettre sur vos lèvres.

Jésus pourrait bien vous montrer toutes les merveilles qu'il a préparées pour ceux qui L'aiment... Le lieu où siège l'autorité dans le ciel; comment Il ordonne l'activité de Ses anges à tel moment précis; vous pourriez voir les armées célestes envoyées en opérations... ou encore le Maître confiant à des anges, en particulier, des missions d'aide et de secours dans certaines régions de la terre.

C'est tellement extraordinaire tout ce que Dieu m'a montré! Une des choses qui m'a fait le plus d'impression dans ce Royaume Céleste c'est l'absence de barrières et de limitations. Dans le domaine naturel on ne va jamais bien loin sans se trouver devant une porte fermée sous une forme ou une autre. Mais quand, en Esprit, on se trouve dans les Lieux Célestes, il n'en existe aucune. C'est une étendue illimitée, dans toutes les directions.

De nombreux amis ont partagé avec nous leurs propres expériences du ciel. Mon oncle, le Dr William A. Ward nous en a raconté de merveilleuses. Il a été, à plusieurs reprises, ravi dans les cieux. Dieu veut, pour chacun des siens, cette onction visionnaire.

> L'œil n'a point vu, ni l'oreille entendu, et elles ne sont point entrées dans le cœur de l'homme, les choses que Dieu a préparées pour ceux qui L'aiment....   1 Corinthiens 2:9

Mais la pensée ne s'arrête pas là:

> Mais Dieu nous les a révélées par Son Esprit.
> Verset 10

Dieu veut nous voir vivre dans le domaine de la révélation. Et le seul moyen de vivre à ce niveau, est de se tenir dans la gloire du Seigneur.

> Alors la gloire de l'Éternel sera révélée, au même instant toute chair la verra: car la bouche de l'Éternel a parlé.   Esaïe 40:5

Le temps approche où toute chair verra, au même instant, la révélation de la gloire de Dieu. Aujourd'hui,

Dieu vient à nous individuellement nous révélant Sa gloire, Sa puissance, Sa personne.

A Jérusalem, nous avons connu des périodes de plusieurs semaines de suite, où des croyants voyaient le Seigneur, non seulement en visions mais en Personne. Il s'est présenté à eux dans Sa forme corporelle. Ils L'ont vu marchant dans les rues de Jérusalem. Il leur parlait. Nous avons vécu de glorieuses visitations d'anges qui, assis à côté des chrétiens, bavardaient avec eux. D'autres se tenaient debout avec des anges qui les bénissaient. Ces amis pouvaient, pendant des heures, parler de telles expériences. C'est dans la gloire qu'elles se produisent.

Vous dites peut-être: "Sœur Ruth, je ne suis pas encore assez spirituel pour ces choses. Je suis un nouveau converti". Et bien! Nous avons souvent remarqué que de nouveaux croyants entraient dans cette dimension encore plus facilement, n'ayant rien à "désapprendre". Nombreux sont ceux qui ont l'impression que ces révélations sont pour de rares privilégiés. Pour ma part, pendant des années, je me trouvais bien de vivre et de travailler en entendant le Seigneur me parler, mais sans visions. Seulement, depuis que Dieu a éveillé mon esprit au fait qu'il m'est tout aussi nécessaire de voir de mes yeux, que d'entendre seulement Sa voix, ma vie a connu une plénitude que je n'avais jamais expérimentée auparavant.

Dans ce monde, je ne connais rien de pire que la cécité, l'impossibilité de contempler les beautés de la nature. Or, pour un chrétien, ne pas voir le Seigneur, c'est marcher comme les yeux fermés; c'est aussi misérable que d'être aveugle. La vision est un des moyens par lesquels Dieu nous parle.

Nous ne sommes pas forcés de marcher en aveugles. La gloire de Dieu est révélée. Si nous avons la foi pour croire dans la guérison; si nous l'avons pour des besoins financiers; si notre foi est assez grande pour que nous allions vers les nations, ne pouvons-nous pas l'exercer dans le domaine de l'adoration et croire que nous allons voir la gloire de Dieu? Le Seigneur n'a-t-Il pas dit: *"Si tu crois, tu verras la gloire de Dieu"* (Jean 11:40).

C'est Sa volonté que nous ayons l'onction à ce niveau, que nous désirions de tout notre cœur voir Sa gloire manifestée!

Dans nos conventions au cours des années, nous avons reçu de glorieuses visitations angéliques. Parfois, pendant la nuit, la gloire de Dieu est descendue, fortifiant et bénissant ceux qui étaient là. Le Roi de Gloire est présent, comme Dieu l'a promis. Mais, dans ces derniers jours, nous allons percevoir, de plus en plus fortement, Sa présence à Lui, et celle également, de Ses armées célestes.

Quand vous lèverez vos têtes dans la louange, quand l'Esprit vous élèvera dans l'adoration, le Roi de Gloire viendra. Il combattra pour vous vos batailles. Il allégera votre ministère, et même votre propre vie. De plus en plus, on verra les anges, les armées de Dieu, présents dans les réunions, jusqu'à la venue du

Seigneur. Sa gloire sera révélée et, au même instant, toute chair la verra.

Si vous voulez être efficace dans l'intercession, il vous faut connaître le domaine de la gloire. Sinon, vous resterez au niveau de l'intelligence humaine et passerez le plus clair de votre temps à prier pour des choses qui ne seront pas les bonnes. Lorsque vous intercédez dans le domaine de l'Esprit, Il vous montre sur quoi cibler vos prières.

A une certaine époque, un diplomate de l'ambassade d'Australie à Tel Aviv venait tous les week-ends assister à nos services, à Jérusalem. C'était juste au moment où la Chine commençait à s'ouvrir et l'activité était intense au Moyen-Orient. Cet homme avait accès à la valise diplomatique, aux services de renseignements de la Mossad (services secrets Israéliens), à la C.I.A., à l'Intelligentsia Britannique, Australienne et à celle d'autres pays Occidentaux. Son travail consistait précisément à envoyer à Canberra des télex avec toute information, tout mouvement nouveau. Cet homme nous apprit que les renseignements qui nous étaient donnés par le Saint-Esprit, dans nos réunions de prières, concernant la Chine, étaient en avance de six mois sur les secrets diplomatiques.

Un jour alors que nous priions, Dieu nous révéla que la Syrie allait s'engager dans la guerre au Liban. Elle n'y avait pas jusque-là pris une part active et s'était maintenue derrière ses frontières. Notre ami était tout remué par ce que le Seigneur nous avait montré et désirait faire quelque chose à ce sujet, seulement, il ne pouvait pas envoyer un télex en disant: "J'ai assisté à une réunion de prière sur le Mont Sion, où Dieu a donné une vision, nous apprenant que la Syrie allait s'engager dans la guerre". Il lui fallait un petit rien de plus concret. Il s'appliqua donc à scruter les informations locales à la recherche d'une information pour étayer cela.

Dans les deux jours qui suivirent, le Premier Ministre Menachem Begin dit qu'il pensait que bientôt, la Syrie allait entrer dans cette guerre. Fort de cette confirmation, notre diplomate prit contact avec l'ambassadeur pour lui dire:

- Il me paraît important d'envoyer cette nouvelle à Canberra.

L'ambassadeur répondit: "Oh, mais ce n'était qu'un mot avancé à la légère. Nous ne pouvons nous appuyer sur une supposition".

Je savais évidemment, que Menachem Begin n'avançait jamais de paroles sans fondement. Mais comme notre ami essayait de le convaincre, l'ambassadeur reprit:

- Ecoutez, j'ai un dîner ce soir avec plusieurs autres responsables d'ambassades en Israël, j'essayerai de savoir quelque chose. Nous pourrons toujours envoyer votre message demain. En arrivant à son bureau le lendemain matin, il dit:

- Envoyez le message!

Quelques jours plus tard la Syrie était entrée en guerre. Combien de fois le Saint-Esprit ne s'est-Il pas montré aussi formidablement crédible, dans des

situations similaires! Dieu veut cela: que nos louanges
et notre adoration nous introduisent dans la gloire,
dans le domaine de la révélation, pour que nos prières
soient vraiment agissantes.

Juste avant la grave crise financière qui toucha
Dallas dans les années quatre-vingts, je fis la rencontre
d'un couple de croyants, des gens aisés. J'étais
assise en face d'eux à l'aéroport de cette ville à
partager un rafraîchissement avant l'heure du départ,
lorsque j'eus la vision d'une pelote de fil rouge,
emmêlée... impossible d'en trouver les bouts. Je sus
immédiatement que c'était une image concernant
leurs finances. Je leur décrivis la vision: "J'ai devant
les yeux une pelote de fil rouge tout emmêlée; dis-je,
et Dieu me fait savoir qu'il s'agit de votre situation
financière, elle est tellement embrouillée que vous ne
savez plus par quel bout la prendre. Mais je vois la
main de Dieu qui la prend, en saisit une extrémité et
la démêle entièrement". Je dis simplement ces mots et
leurs yeux se remplirent de larmes. En l'espace de deux
minutes Dieu avait répondu à un besoin important de
leur vie. C'était venu si facilement!

Un jour à Houston, en 1988, une personne que je
connaissais organisa un lunch pour me présenter à
ses amis. Je m'installai quelque part, mon assiette
à la main; les invités parlaient de tout et de rien.
Pourtant, à peine assise, je reçus une vision de la
dame qui se trouvait à côté de moi: trois ou quatre
flèches pénétraient tout autour de son cœur. Je me
mis à lui dire ce que je voyais. Puis j'aperçus la Main

du Seigneur qui les retirait l'une après l'autre. En un instant chacune des flèches furent ôtées juste sous mes yeux. Le temps que je décrive la vision, Dieu l'avait accomplie. Le visage de cette femme était baigné de larmes. Ce fut si simple!

Une autre fois, en quittant la Chine je pensais rentrer directement à Jérusalem. Mais le Seigneur me parla et dit:

- Je veux que tu ailles au Japon; tu n'auras pas le temps de prêcher mais Je vais t'envoyer vers quelqu'un qui va avoir à parler dans plusieurs conférences. Je veux que tu lui dises quel message il doit y apporter.

- Vers qui m'envoies-tu, Seigneur? demandai-je.

Il me rappela alors que, deux ans plus tôt, Susan et moi avions passé un peu de temps sur la montagne de prière, en Corée, avec sœur Choi. Elle ne parlait pas plus l'anglais que nous le Coréen. Par contre, elle comprenait le Japonais, comme beaucoup de Coréens, suite à leur occupation par les Japonais. Il se trouvait là un frère du Japon, qui nous avait servi d'interprète.

Au sujet de cet homme, la seule chose que j'avais retenue, c'est qu'il nous avait parlé d'une église qu'il venait de construire "entre Tokyo et l'aéroport de Narita" (A peu près comme entre Los Angeles et San Diégo). Et là, dans l'immédiat je n'avais aucun moyen d'en savoir plus à son sujet, sauf que c'était vers lui que le Seigneur m'envoyait.

Je pris un vol pour Tokyo, et me dirigeai aussitôt vers un des hôtels de l'aéroport. M'installant au téléphone je me mis à appeler les églises de cette zone. D'abord les Baptistes. Je leur dis qui j'étais, que je venais de Jérusalem et que j'avais rencontré en Corée un homme qui avait bâti une église ces dernières années et qui devait sans doute être charismatique. Il habitait quelque part entre Narita et Tokyo. Ils ne savaient rien de lui mais me donnèrent le numéro de l'Assemblée de Dieu. J'appelai cette église. Ils ne voyaient pas comment m'aider, mais me communiquèrent le téléphone d'un frère qui fréquentait les groupes charismatiques.

Je l'appelai et me présentai pour la troisième fois.

- Sœur Ruth, répondit-il, je ne vous ai jamais rencontrée mais des croyants d'ici sont allés à Jérusalem et ont suivi votre École Biblique. Je connais le frère dont vous parlez, voici son téléphone.

Après avoir parlé un peu, je fis le numéro qu'il m'avait donné et je dis:

- Frère, vous ne vous rappelez sans doute pas de moi; je suis une des deux sœurs de Jérusalem qui vous avaient rencontré chez Sœur Choi, il y a quelque années, à la Montagne de Prière, en Corée...

- Oh, bien sûr que je me souviens de vous, les deux sœurs de Jérusalem! Où êtes-vous? demanda-t-il.

- Eh, bien! Je suis à l'aéroport, lui dis-je. J'ai un message du Seigneur pour vous. Je suis venue au Japon rien que pour vous voir.

- Oh, sœur, je suis navré, reprit-il, je suis sur le départ pour une convention.

- Je suis au courant, répondis-je.

- Comment le savez-vous? demanda-t-il intrigué. Bon! Je termine mes bagages et partirai un peu plus

tard dans la journée. Pouvez-vous venir tout de suite?
Il m'expliqua quel train prendre.

Dans l'avion qui m'amenait de Hong Kong j'avais
demandé au Seigneur:

- Quel est le message que ce frère doit apporter aux
conventions? Le Seigneur me rappela que la veille de
mon départ de Jérusalem, alors que je priais, Il m'avait
donné un mot mystérieux: "Kabuki". Je n'ignorais
pas que Kabuki était une forme d'art japonais, un
jeu traditionnel. Mais quand Dieu me parla et dit
"Kabuki", je savais qu'il ne parlait pas d'un jeu. Quelle
était Sa pensée?

Dans notre communauté de Jérusalem, il y avait,
à cette époque, un frère Japonais, et je me disais
"quand j'aurai une minute, il faudra que je pense à lui
demander ce que signifie "Kabuki".

Et voilà que dans l'avion qui m'emmenait de Hong
Kong à Tokyo, quand j'avais demandé au Seigneur
quel était Son message. Il m'avait redit: "Kabuki".
J'avais donc appelé l'hôtesse pour lui demander le sens
de ce mot. Elle avait répondu:

- C'est un jeu populaire japonais.

- Je sais, répondis-je, mais la signification du mot
lui-même?

Elle réfléchit un instant et dit:

- "Ka" veut dire "chant", "bu" veut dire "danse" et
"ki" signifie "art"

Immédiatement, je compris que le Seigneur voulait
parler de l'art du chant et de la danse utilisés pour Le
louer.

Quand j'arrivai à la gare le frère m'attendait. Il m'emmena à l'église, où il habitait avec sa famille un logement attenant. Nous parlâmes un peu de mon voyage en Chine et aussi d'Israël, puis après une tasse de thé, il me demanda:

- Sœur, pourquoi êtes-vous venue?

- Je suis venue pour vous transmettre le message que vous devez apporter à vos conférences, répondis-je.

Il parut surpris que j'emploie le pluriel et dit:

- Cette conférence est la première à laquelle j'aie jamais été invité à prêcher. Cependant, j'ai reçu, depuis, d'autres invitations. Quel est le message?

- C'est la réponse pour le réveil au Japon, répondis-je; il peut se résumer en un seul mot: "Kabuki".

Il me regarda d'un air étonné, sans doute en pensant que je parlais du jeu. Je répétais alors, syllabe par syllabe: "KA.BU.KI", le chant et la danse pour la louange du Seigneur.

Ses yeux se remplirent de larmes.

- J'ai prié pour connaître la pensée de Dieu pour cette conférence, dit-il. Chaque fois, le Seigneur me reparla du chant et de la danse. Je Lui ai répondu que j'étais persuadé que le chant jouerait un rôle important dans le réveil de ce pays, mais la danse, ce moyen si mondain d'expression, non! Seulement, chaque fois que je priais, j'obtenais la même réponse; et chaque fois, je l'ai rejetée.

Dieu m'avait donc fait faire tout ce voyage depuis Jérusalem, via la Chine pour dire à Son serviteur que le réveil du Japon viendrait par le chant et la danse!

Je prophétisai pour lui, puis il me ramena à la gare. Je revins à l'hôtel de l'aéroport, repris mes bagages et pris le premier vol pour Israël.

L'Esprit de révélation opère là où la gloire est librement révélée. La gloire nous fait percevoir *"ce que l'œil n'a pas vu, ce que l'oreille n'a pas entendu"*.

> *Nous parlons la sagesse de Dieu.*
>
> 1 Corinthiens 2:7

Il existe une sagesse que Dieu a préparée pour notre gloire. Paul dit que nous "parlons" cette sagesse. Bien souvent, nous souhaitons l'exprimer. Nous voulons qu'elle sorte de nos lèvres. Mais Paul dit que c'est déjà ce que nous faisons. Il dit que nous l'exprimons "en mystères". Nous disons même la sagesse cachée, que Dieu a préparée depuis la fondation du monde pour notre gloire.

> *Car celui qui parle en langues ne parle pas aux hommes, mais à Dieu et personne ne le comprend; c'est en esprit qu'il dit des mystères.*
>
> 1 Corinthiens 14:2

Ainsi, que faisons-nous chaque fois que nous prions en langues? Nous disons des mystères. Nous exprimons la sagesse de Dieu. Ces mots que vous considériez comme insignifiants, sont en réalité un profond mystère, en Dieu. Même si vous n'en avez pas encore prononcé un million, vous êtes déjà capables d'atteindre une telle dimension. En mystère, nous parlons la sagesse de Dieu. Il a prévu cela pour notre gloire.

Lorsque nous parlons en langues, nous disons des mystères. *"Personne ne nous comprend"*, on a souvent utilisé cette partie du verset pour critiquer le parler en langues. Mais l'Apôtre Paul ne dit pas cela dans un sens négatif: au contraire, pour lui, c'est un Plus. Il dit, en fait: "Grâce à Dieu, personne ne comprend. Remerciez Dieu de ce que votre intelligence soit laissée de côté. Béni soit-Il de ce qu'il ne nous laisse pas vivre uniquement au niveau de notre logique!" Vous vous élèverez par votre être spirituel. C'est l'Esprit qui parle; c'est Lui qui prie; Lui, Il comprend.

L'œil n'a pas vu, l'oreille n'a pas entendu, le cœur humain n'a pas encore saisi les plans de Dieu. Mais Il les révèle par Son Esprit. Nous pénétrons alors par Son Esprit dans la révélation; Dieu lève le voile pour nous par Son Esprit. Que nous révèle-t-Il?

"Ce que l'œil n'a point vu, ce que l'oreille n'a point entendu, ce que le cœur naturel ne comprend pas encore". Dieu nous fait connaître, par révélation, les mystères mêmes dont nous avons parlé dans une langue inconnue de nous, lorsque, précédemment, nous avons parlé en langues. Ces mots-mêmes contenaient la sagesse cachée. Nous nous découvrons tout à coup en train d'exprimer cette sagesse, parce que la révélation se met à jaillir de nos vies.

Si vous avez le désir de vivre au niveau de la révélation surnaturelle, priez en langues abondamment.

Chantez aussi en langues autant que vous pouvez. En faisant ainsi vous alimentez votre puits. Vous chantez vers la source d'où jaillira une communication d'En-Haut. Ensuite vous abonderez en connaissance par révélation. Elle ne se manifestera peut-être pas tout de suite parce que, peut-être dans l'instant, n'en aurez-vous pas besoin. Mais au moment et dans la situation où elle vous sera nécessaire, elle sera là!

Lorsque, toute jeune, je suis allée à Hong Kong pour servir le Seigneur, je me suis trouvée à travailler avec un groupe d'hommes d'affaires du Plein Évangile qui étaient très riches. Il y avait parmi eux une cinquantaine de millionnaires. Or il arrivait parfois que ces gens importants me demandent des conseils concernant leurs affaires.

Qu'y connaissais-je? J'avais dix-huit ans et je devais me débrouiller avec cinquante dollars par mois. J'étais complètement inexpérimentée. Cependant Dieu m'avait promis de me donner Sa sagesse, si seulement je cherchais Sa face. Combien de fois ne me suis-je pas assise, pour réécouter les réponses qu'il m'avait données pour eux! Et je restais émerveillée, avec l'impression que quelqu'un d'autre avait répondu à ma place. C'était bien ma voix que j'entendais; elle était sortie de ma bouche. Mais les paroles étaient des révélations. Je priais en langues continuellement; aussi lorsque j'avais à répondre sur des sujets que j'ignorais, la connaissance par révélation venait simplement.

Dieu vous donnera les mêmes choses. Sa sagesse révélée peut s'appliquer non seulement aux questions spirituelles, mais aussi bien aux problèmes de la vie quotidienne.

C'est en priant par l'Esprit qu'on atteint ce niveau de la révélation. Nul de nous ne s'y exerce suffisamment. Personnellement, je ne prie pas assez dans l'Esprit. J'aime, de temps en temps, enseigner là-dessus parce que l'Esprit m'y pousse intérieurement, à tel point que je me réveille alors en pleine nuit, en train de prier en langues.

Voulez-vous vivre dans le domaine de la connaissance par révélation? Alors proclamez la sagesse de Dieu "en disant des mystères"! Il nous les révèle par son Esprit. Ceux qui commencent par les dire dans un langage caché, en reçoivent ensuite la compréhension. Pourquoi cela? Parce que *"l'Esprit sonde tout, même les profondeurs de Dieu"*.

Il y a des choses sur Dieu que nous aimerions tous connaître. Mais dans quels livres au monde les chercher, ou dans quelles parties de la Bible les découvrir? Nos concordances et autres ouvrages d'étude ne peuvent pas toujours satisfaire notre soif de recevoir les réponses de Dieu. Mais nous avons en nous le Saint-Esprit, Il est Celui qui sonde tout. Gloire à Dieu! Les professeurs d'université lorsqu'ils rédigent un traité sur un sujet, ont plusieurs personnes travaillant à faire des recherches et à rassembler du matériel pour eux. L'auteur n'a plus qu'à mettre tout ensemble dans le bon ordre. Nous avons le Saint-Esprit. Il sonde les profondeurs et les vérités cachées. Il est plus doué que le plus perfectionné des ordinateurs.

Dieu accorde une sagesse, une connaissance révélée, surnaturelle, à ceux qui Le cherchent, qui prient dans l'Esprit, qui permettent à la révélation de se manifester. Nous prononçons la sagesse de Dieu de façon voilée :

> *L'Esprit sonde tout, même les profondeurs de Dieu. Car qui connaît les choses de l'homme si ce n'est l'esprit de l'homme qui habite en lui? De même personne ne connaît les choses de Dieu, si ce n'est l'Esprit de Dieu. Et nous n'avons pas reçu l'esprit du monde mais l'Esprit qui vient de Dieu, afin que nous puissions connaître les choses qui nous sont gratuitement données par Dieu.*
>
> 1 Corinthiens 2:11.12

Je vous encourage à prier, et aussi à chanter dans l'Esprit plus que vous ne l'avez jamais fait. J'ai prêché au début de 1989 dans une église méthodiste en Caroline du Nord. Il y avait là un pasteur de passage que je n'ai cessé d'encourager à prier en langues. Il a dit ensuite: "Il y a dix ans que je connais cette expérience, mais je n'avais jamais parlé en langues autant que ces jours-ci". Ce don, Dieu ne nous l'accorde pas seulement comme un cadeau, mais pour faire de nous des gens efficaces dans Son Royaume. Soyons actifs à prier dans l'Esprit, à chanter dans l'Esprit; c'est nécessaire. Nous sommes libres de louer en langues, d'adorer en langues, de nous tenir dans la gloire; et si nous le faisons, la révélation viendra.

Le chant en langues, je le sais, aura une grande part dans le réveil qui s'annonce. On verra des cultes entiers où toute l'assemblée se tiendra debout dans la gloire, adorant en Esprit.

Depuis le jour où Dieu m'a dit cela, je me suis mise à chanter dans l'Esprit quotidiennement. Beaucoup de mes amies le font de façon magnifique. Leurs chants ont des résonances célestes. Au commencement, j'étais très hésitante, parce que mon chant n'était pas aussi beau que les leurs. J'ai pourtant décidé de le faire chaque jour, jusqu'à ce que ma capacité à me laisser conduire par l'Esprit ait grandi. Lorsque le Seigneur nous révèle une vérité spirituelle, nous devons nous y lancer, même si c'est de façon maladroite, jusqu'à atteindre une bonne maturité sur ce point. *Car ce n'est pas le don qui produit la maturité, mais la mesure dans laquelle, soumis au Saint-Esprit, nous nous mettons de tout notre cœur à l'exercer.*

Personnellement je n'étais pas quelqu'un qui avait des visions. D'autres en recevaient, avec des révélations et j'étais toujours émerveillée à l'écoute de ce que Dieu leur montrait. J'entendais clairement la voix du Seigneur mais, de vision, je n'en avais aucune. Cela venait en partie du fait que personne dans l'église ne nous avait enseigné à nous attendre à en recevoir. Il faut exercer notre foi au niveau de l'adoration! Nous l'exerçons pour le salut, pour la guérison, pour le baptême du Saint-Esprit, pour des miracles au niveau des finances. Mais l'on n'enseigne que rarement à l'exercer pour adorer. Entraînons-nous donc à élever notre foi jusqu'au seuil de la gloire, afin de devenir capables de voir et de connaître.

La seconde raison de cette lacune était que je n'avais jamais demandé de vision. Dès que je me suis mise à demander, je me suis mise à voir. Si je ne l'avais pas fait plus tôt, c'est aussi que j'avais mal compris les paroles que Jésus dit à Thomas:

> *Jésus lui dit: Thomas parce que tu as vu, tu as cru. Heureux ceux qui n'ont pas vu et qui ont cru.*
>
> Jean 20:19

J'avais donc accepté pour fait que si je ne voyais pas, c'était très bien. Plusieurs années après, alors qu'il me pressait de rechercher des visions, Dieu me fit comprendre que ce fameux verset n'avait aucun rapport avec le fait d'avoir les yeux ouverts dans le monde spirituel.

Ce que Dieu fait aujourd'hui, ce n'est pas vraiment nouveau, mais Il l'accomplit dans la vie d'un plus grand nombre. Avant, nous étions contents quand une ou deux personnes étaient bénies dans un service particulier. Nous repartions à la maison tout heureux parce que telle sœur avait reçu une bénédiction. Maintenant, Dieu fait une chose nouvelle, Il veut que tous, nous jouissions des mêmes expériences. Dans le naturel on peut s'asseoir à plusieurs devant la télévision, choisir une chaîne et regarder le même programme. Dans le monde glorieux de l'Esprit il est aussi possible d'avoir une vision en commun, une révélation collective. La capacité de voir, de connaître, de percevoir par l'Esprit de Dieu est à la portée de chacun. Que la gloire vous élève jusqu'à la révélation! Demandez des visions, et vous en recevrez!

Pour Thomas, c'était autre chose: il essayait d'obtenir du Seigneur qu'il lui prouve quelque chose. Susan était membre de l'église Épiscopale; elle commença à avoir des visions dès l'instant où elle fut remplie de l'Esprit. Dieu lui enseignait la Bible en visions. Elle me dit un jour:

- Ruth, en vérité, vous avez une vision spirituelle.

- Oh! non, répondis-je, je ne vois jamais rien!

Il y a des gens, qui sont presque fiers de ne pas entrer dans ces choses. Ils pensent: "Elles sont peut-être nécessaires pour d'autres mais, moi, je n'ai pas besoin d'aide ou de signes pour entendre Dieu me parler".

- Oh! non, je n'ai aucune vision, affirmais-je.

- Oh si! insista-t-elle.

- Mais non, je vous assure! répétais-je encore.

- Alors comment expliquez-vous que, lorsque vous prophétisez, je vous entende dire "je vois ceci, ou cela"?

Je me mis à réfléchir pour de bon. Je savais bien que je n'étais pas menteuse et même si j'avais menti, je ne l'aurais certainement pas fait en prophétisant. Je finis par dire:

- D'accord, je vois, mais sans voir.

Nous passons un temps fou à essayer d'expliquer des choses que Dieu nous a déjà données. "Je vois, mais je ne vois pas". Dès lors je fis attention à ce qui se passait au moment où je prophétisais et je me rendis vite compte qu'elle avait raison. La vision n'était pas la chose la plus importante, mais Dieu m'aidait par son moyen pendant que je prophétisais pour les gens. Elle servait à me révéler ce que je devais dire. C'est une des principales manières par lesquelles Dieu nous parle.

> *Je me tiendrai éveillé et monterai sur la tour, je veillerai pour voir ce que l'Éternel me dira" Et l'Éternel me répondit: "Écris la vision, grave-la sur des tables, afin qu'on la lise couramment.*
>
> Habacuc 2:1.2

LA GLOIRE APPORTE LA RÉVÉLATION!

LA GLOIRE DONNE LA CONNAISSANCE

Cantique:

Hosanna! Hosanna! (ter)
Hosanna!

Il vous a été donné de connaître les mystères du Royaume des cieux, mais pour eux cela ne leur a pas été donné. Car on donnera à celui qui a, et il sera dans l'abondance, mais à celui qui n'a pas on ôtera même ce qu'il a. C'est pourquoi je leur parle en paraboles, parce qu'en voyant ils ne voient point, et qu'en entendant ils n'entendent ni ne comprennent. Et pour eux s'accomplit cette prophétie d'Esaïe: Vous entendrez de vos oreilles, et vous ne comprendrez point; vous regarderez de vos yeux, et vous ne verrez point. Car le cœur de ce peuple est devenu insensible; ils ont endurci leurs oreilles, et ils ont fermé leurs yeux, de peur qu'ils ne voient de leurs yeux, qu'ils n'entendent de leurs oreilles, qu'ils ne comprennent de leurs cœurs, qu'ils ne se convertissent, et que je ne les guérisse. Mais heureux sont vos yeux, parce qu'ils voient, et vos oreilles, parce qu'elles entendent! Je vous le dis en vérité, beaucoup de prophètes et de justes ont désiré voir ce que vous voyez, et ne l'ont pas vu, entendre ce que vous entendez, et ne l'ont pas entendu.

Jésus

"A vous, il est donné de connaître" .... Il y a un don que nous fait le Seigneur, celui de connaître, connaissance par l'Esprit, par la vision, par l'écoute spirituelle. C'est dans la gloire que Dieu accorde de tels cadeaux.

Il désire que nous soyons de ceux qui connaissent les mystères du Royaume. Il veut que cette révélation dans la connaissance, notre esprit la reçoive. Tout n'a pas encore été révélé. Ce travail de révélation est toujours à l'œuvre et la volonté du Père est que nos esprits en aient l'intelligence. Il attire nos regards vers les lieux célestes. Il veut nous voir absorbés non pas par tout ce qui nous environne, mais par les choses d'En-Haut, celles qui sont éternelles.

Je rencontre trop peu de croyants qui soient assoiffés d'apprendre les trésors de l'Esprit. Notre famille était bénie parce que ma grand-mère avait de la Bible, une très grande connaissance, non seulement intellectuelle, mais aussi spirituelle, tellement elle était assoiffée. Elle cherchait à aller au fond des choses. Il lui arrivait d'écrire à des hommes connus comme de grands docteurs de l'Écriture pour leur poser ce qui était pour elle les questions les plus difficiles. Il ne s'agissait pas de questions ordinaires sur la Bible, mais des plus profondes richesses de la Parole de Dieu. Elle faisait tout pour connaître ces vérités comme un mineur qui cherche un diamant rare ou un filon dans une mine d'or. L'Écriture ne dit-elle pas que la Parole de Dieu est plus désirable que l'or fin? (Psaume 19:11). Grand-maman écrivit au Docteur Evans et à plusieurs autres grands érudits pour avoir leur opinion sur de nombreuses questions. Ceux-ci lui répondaient parfois: "Sœur Ward, nous n'y avons pas encore réfléchi. En fait, avant que vous ne souleviez cette interrogation, nous n'y avions même jamais songé".

C'est bien d'avoir des questions qui ne viennent ni par critique, ni par incrédulité. Il y a des gens qui discutent sur tout, mais avec leur mentalité contestataire, ils n'arrivent jamais à saisir les réponses.

Le fait d'avoir des points d'interrogation est la preuve de notre quête de Dieu, la preuve que nous voulons en savoir davantage, que nous sondons les choses et nous demandons qui en aura la révélation.

Il m'est souvent arrivé que le Seigneur m'envoie vers des hommes avec de grand ministères, pour leur communiquer un petit éclaircissement supplémentaire, dans des domaines où eux-mêmes recherchaient Sa pensée. Il m'envoyait pour leur faire voir la vérité sous un angle qu'ils n'avaient pas encore découvert. Dans d'autres domaines, ils étaient loin devant moi sur la route. Mais sur un point précis où Dieu m'avait conduite, je pouvais leur apporter de l'aide. Nous n'avons pas toujours le privilège de nous asseoir à côté de quelqu'un qui nous comprend, et de pouvoir parler ouvertement des questions qui nous préoccupent.

A l'âge de quinze ans, j'ai fait une expérience amusante. Ma mère annonçait la Parole à Callao, en Virginie, plusieurs fois par semaine et comme, à cette époque là, elle ne savait pas conduire, c'est moi qui l'emmenais en voiture. Je pouvais ainsi pendant tout le trajet, aller et retour, lui poser des questions, et je l'écoutais attentivement. Elle avait la bonté de me donner, à toutes, des réponses. Pourtant c'était sûrement pour elle une fatigue supplémentaire.

Cette année-là, nous revenions d'une convention à Atlanta en Géorgie. En pleine nuit je me rendis compte que j'avais dû me tromper de route à un moment donné. Maman sommeillait sur le siège avant. Je lui demandai :

- Pourrais-tu regarder sur quelle route nous sommes, est-ce bien la 544?

- Oh, chérie, répondit-elle ennuyée, je suis si fatiguée! Sois gentille d'attendre à demain et nous verrons ensemble ce que Matthieu 5:44 signifie.

- Mais, maman, dis-je, je ne parlais pas de la Bible, je te questionnais sur la route.

Cet incident resta dans notre famille une bonne plaisanterie.

Quelle bénédiction ce fut pour moi, d'avoir des parents et ensuite des amis spirituels, vers qui me tourner! Plus tard dans la vie, j'ai voyagé pendant des années, parmi des gens qui ne connaissaient pas ma langue. Parfois, en Inde, dans des conventions de dix mille personnes, ils ne s'en trouvait qu'une à parler l'anglais. Or mon interprète était occupé à des tâches administratives quand il ne me traduisait pas. Ainsi ai-je voyagé à travers l'Inde, et d'autres pays en Bus, en bateau, en train, en avion, sans aucun interlocuteur. C'est alors que j'ai commencé à entretenir avec le Seigneur la même relation que j'avais avec ma mère: "Seigneur, comment faire ici? Quelle est Ta pensée pour cela?". Dieu veut nous voir puiser dans les richesses de Son Royaume et ne pas rester des bébés.

Quand Susan reçut, au début, toutes ses visions sur la Bible, c'est parce qu'elle se tenait, soir après soir sur l'autel, passant des heures à genoux. Quand elle me racontait ce qu'elle avait vu, je savais qu'il s'agissait de choses qu'elle n'avait jamais lues avant. Je lui indiquais alors dans quels passages elle les trouverait afin qu'elle les lise de ses propres yeux et réalise comment Dieu Lui-même l'enseignait par l'Esprit-Saint.

La plupart d'entre nous, lorsque nous tombons par terre sous la puissance de Dieu (ou, comme certains disent "nous nous reposons dans l'Esprit") nous avons tendance à nous relever trop rapidement. Dieu veut que nous restions là. Il ne nous fait pas tomber juste pour montrer qu'il le peut. Non, c'est là Sa table d'opération. Parfois même nous ne sommes plus conscients. Mais, conscients ou pas, laissez venir la vision. Permettez à Dieu de vous montrer ce qu'il voudra. Quelqu'un dira peut-être: "Mais, s'il ne se passe rien?" Restez quand même, louez, adorez! Dieu fera un dépôt dans votre esprit, même à votre insu. Puis quand vous exercerez le ministère, vous réaliserez, que votre autorité a grandi et vous vous émerveillerez de l'enseignement qui sortira de vos lèvres, vous demandant vous-mêmes où vous avez appris ces choses. Sachez que Dieu les a déposées au plus profond de votre âme, vous en a donné l'intelligence, les a placées dans votre esprit, tandis que vous demeuriez, abandonné, sous Sa puissante main.

Il faut nous attarder davantage à Son autel et Lui permettre de nous instruire. Il nous est donné de connaître.

> *Il parle par des songes, par des visions nocturnes. Quand les hommes sont livrés à un profond sommeil.... alors Il ouvre leurs oreilles et met un sceau à leur instruction.*   Job 33:15,16

Si les croyants ne possédaient qu'un seul trait caractéristique, ce devrait être la certitude que dans leur vie, ils savent qu'ils savent. Ils devraient aller de l'avant, confiants. Même sans aucune autre assurance, ils peuvent avancer sachant que Celui sur qui l'on peut compter étant au milieu d'eux et en eux, cela suffit. Cette réalité nous remplit de confiance. Ceux qui la possèdent sont et demeurent inébranlables.

C'est la nature du croyant de savoir. Si cela lui est donné, il doit être dans sa nature non seulement de connaître l'ABC des choses de Dieu, mais encore les mystères cachés. Lorsque notre bouche le proclame, le mystère ne reste plus un mystère. Dieu l'amène à la lumière, si bien que nous avons bientôt connaissance et compréhension de ces choses, que nous avons dites en langues par l'Esprit.

> *Les choses cachées appartiennent à l'Éternel notre Dieu, mais celles qui sont révélées nous appartiennent à nous et à nos enfants pour toujours, afin que nous puissions mettre en pratique toutes les paroles de cette loi.*
>
> Deutéronome 29:29

Interpréterez-vous immédiatement ce que vous avez dit? Non, pas forcément. Peut-être même parlerez-vous en langues pendant plusieurs heures, puis, quand vous vous lèverez pour apporter la Parole, cette révélation s'exprimera en deux ou trois phrases. Seulement, ce sera une révélation si puissante, qu'elle nourrira les multitudes. Nous devons nourrir le peuple avec la manne d'En-Haut et celle-ci est la sagesse que nous connaissons par révélation. Dieu désire que les nations la reçoivent comme nourriture. Il ne nous donne pas juste ce qu'il faut pour notre maison. Il vous en donne assez pour la famille de Dieu, pour le Corps de Christ universel.

Lorsque j'étais encore toute jeune, le Seigneur me dit: "Ne désire pas une connaissance terrestre, ni la sagesse du monde. Si tu cherches vraiment Ma face, Je te donnerai Ma connaissance et Ma sagesse". Dans la suite, Il me prouva Sa fidélité en accomplissant maintes fois cette promesse.

Mrs Bruce Fischer, qui est une de mes bonnes amies, est propriétaire de "Westover", sur le fleuve St-Jacques, le plus bel exemple d'architecture Géorgienne en Amérique. Les gens du monde entier viennent en Virginie pour voir ce monument. Une fois où j'étais en voyage, je pris brusquement conscience qu'il y avait bien des choses que j'aurais aimé savoir sur cette amie et que j'ignorais. Cela faisait des années que nous étions liées. Nous avions prié ensemble et souvent eu de bons moments toutes les deux. Pourtant j'étais toujours si occupée, affairée ici et là, que je ne la connaissais pas comme je l'aurais voulu.

Je décidai donc que la première chose à faire en revenant à New York serait de l'appeler pour arranger une rencontre. "Pourquoi pas demain à midi pour déjeuner?" me dit-elle. Je ne lui ai pas raconté pourquoi je voulais la voir. Mais cette visite fut un grand plaisir.

J'appris qu'elle avait été élevée à Prague. Son grand-père avait été ambassadeur des États-Unis à Pékin, et son père l'était en Tchécoslovaquie, quand elle était enfant. Son oncle tenait une place de conseiller auprès du roi Iben Saud. Prolongeant notre conversation, nous avons abordé des sujets encore bien plus personnels. J'ai énormément appris sur elle. Il faut du temps pour connaître quelqu'un. La première condition est de le désirer vraiment.

Nous disons parfois au Seigneur:

- S'il y a quelque chose que Tu veux que je sache, dis-le moi, simplement.

Mais, Lui, aspire à rencontrer quelqu'un qui L'aime assez fort pour Lui dire:

- Seigneur, je voudrais voir comment est le bord de Ton vêtement. Pourrais-Tu me le faire voir Seigneur? Pourrais-je voir Tes yeux plus distinctement? Seigneur, j'aimerais que Tu me dises quelque chose. Voudrais-Tu me faire savoir ce que Tu penses de la Chine, en ce moment?

Je souris chaque fois que j'entends ma mère Lui demander:

- Quand arrivera-t-il, Seigneur, que la pluie de la première et celle de l'arrière saison surviendront dans le même mois? Si Tu voulais bien expliquer cela "à une petite grand-mère comme moi". Ecoutons-Le nous répondre:

- J'ai cru que tu n'allais jamais Me poser tes questions! J'ai tant de choses à te dire, tant que Je désire partager avec toi, te révéler! Mais tu demeurais si insensible à

Ma présence! Tu ressemblais à ces gens pressés qui passent au guichet d'un Mac-Donald drive-in, pour recevoir un hamburger tout prêt. Tu ne prenais pas le temps de t'asseoir à une table pour jouir de l'ambiance, de la musique, de la décoration; pour te sentir bien dans ce lieu. Tu avais juste envie de venir et de repartir en vitesse. Je désire que tu t'installes à Mes côtés, dans Mon Royaume. J'ai tellement de choses à te révéler! Je veux que tu t'asseyes avec Moi sur Mon trône.

"Il vous est donné de connaître. ...Mais à eux, cela n'est pas donné". Pourquoi? Parce que leur cœur n'est pas dans une recherche sincère des choses de Dieu. Ils aimeraient savoir, pour le plaisir de savoir; connaître mieux pour posséder des arguments; parce qu'ils aiment discuter; ils recherchent la connaissance pour que les gens voient en eux de grands orateurs. Ils n'ont jamais eu vraiment soif de connaître.

Il y en a qui veulent savoir. Je suis de ceux-là! J'aspire à Le connaître, Lui et les choses qui appartiennent à Son Royaume. Je veux percer Ses mystères. Un mystère, c'est tout simplement une chose cachée, un secret. Je tiens à connaître ceux de Dieu, les choses qui sont près de Son cœur. Elles sont scellées, mais Son désir est de les révéler et moi, je veux y avoir part. Si c'est aussi votre désir, alors consacrez-Lui un peu plus de temps. Asseyez-vous plus souvent en Sa compagnie. Posez-Lui des questions comme faisaient les prophètes:

- Seigneur, que veut dire ceci? Que représente cela? Que penses-Tu sur ce point?

Il prend plaisir à nous montrer la réponse, par Son Esprit.

> *Mais, heureux sont vos yeux parce qu'ils voient;*
> *et vos oreilles parce qu'elles entendent. Car, en*
> *vérité, je vous le dis, beaucoup de prophètes et de*
> *justes ont désiré voir ce que vous voyez et ne l'ont*
> *pas vu; entendre ce que vous entendez et ne l'ont*
> *pas entendu.*   Matthieu 13:16.17

Vous êtes heureux! Vous êtes bénis de voir et d'entendre! Or, Dieu veut l'accorder plus encore, dans les jours qui viennent. Entrez dans la gloire par la louange et l'adoration, et devenez capables de connaître par l'Esprit.

LA GLOIRE NOUS OUVRE LA CONNAISSANCE!

LA GLOIRE DONNE
UNE JUSTE PERSPECTIVE

Chant:

Aucune limitation dans l'Esprit!
Aucune limitation dans la gloire! (bis).

*Les rachetés d'entre les peuples marcheront à
sa lumière: et les rois de la terre lui apporteront
leur gloire et honneur.*

Jean

La révélation que Dieu donne commence avec le
visage de Jésus, puis avec les splendeurs du Ciel,
mais elle aboutit toujours sur la terre. Jusqu'à ce que
Jésus revienne, tout ce qui L'intéresse, c'est la terre. La
différence, c'est que quand Lui vous la montrera, vous
la verrez du point de vue des cieux, dans Sa perspective.
En l'observant de cette position, les problèmes ne vous
en paraîtront plus si insurmontables.

Il vous montrera ce qui touche Son cœur: un lieu,
une situation dont vous ignoriez l'importance. Il vous
permettra d'en avoir un coup d'œil du point de vue de
l'éternité, alors une étincelle de compréhension jaillira
dans votre esprit, vous inspirant une prière pleine de
foi pour cette situation, pour ce lieu.

Dans l'air raréfié du Tibet, à quinze mille pieds
d'altitude, on voit les choses autrement. On a la
sensation d'une vision infinie. Les cours d'eau et les

lacs ont une tout autre apparence. L'aspect du ciel n'est pas le même. Tout paraît différent. Il en est ainsi quand nous nous tenons sur la montagne de Dieu. C'est notre capacité visuelle qui est changée.

Il est nécessaire que Dieu nous entraîne jusque dans la gloire pour que nous puissions voir la terre de la perspective céleste. Nous avons si longtemps vécu au niveau terrestre que nous voyons les choses sans la moindre perspective.

Ce qui surprit le plus Jim Irwin lorsqu'il alla sur la lune, fut que la terre lui sembla de la grosseur d'une bille. Il garde toujours une bille sur lui, dans ses déplacements, pour se rappeler comment il l'a vue. Notre vision des choses est totalement dépourvue de perspective, n'est-ce pas?

Si quelqu'un ne vous a pas serré la main, vous en faîtes une montagne. L'ennemi se plaît à amplifier ce genre d'incidents hors de toutes proportions. Même quand nous n'avons pas de problèmes majeurs, il y a de petites difficultés que nous voyons très grandes. Notre vie de prière est inspirée par un grossissement de ce qui est terrestre et non par un point de vue céleste. C'est pourquoi, chaque fois qu'élevés dans la gloire nous voyons le Seigneur, nous acquérons de la terre une nouvelle perspective.

Il faut bien enseigner cela. Pour beaucoup, une fois qu'ils ont vu le Seigneur, ils ont tout reçu. Ils sont si heureux: "J'ai vu le Seigneur! Oh, j'ai vu le Seigneur!" Mais Lui veut nous montrer bien plus. La vision vraiment complète doit nous révéler quelque chose concernant le monde. Nous avons besoin d'une vision de la terre depuis la perspective du Ciel.

Si l'on n'est pas attentif, on prend le journal, on lit un article sur un problème quelconque et on se met à prier pour ce problème, qui va éventuellement absorber tout notre moment d'intercession. Dieu désirait peut-être nous faire prier pour un besoin que ni le journal, ni la télévision n'avaient mentionné. Il veut des gens qu'il puisse élever dans l'Esprit, pour leur faire voir un besoin précis quelque part dans le monde. Nous pourrons être efficaces dans la prière chaque fois que nous connaîtrons les besoins en les voyant du point de vue du Ciel.

J'ai vécu récemment une expérience dans l'Esprit: une tête d'aigle descendit, se posa sur ma tête un peu à la manière d'un masque, comme au carnaval. Puis celle du veau vint sur moi. En recherchant dans l'Écriture je remarquai que les têtes de ces deux animaux se trouvaient du même côté des "Etres Vivants". L'aigle représente l'aspect visionnaire, la révélation, tandis que le veau représente le caractère de serviteur du Corps de Christ (Ézéchiel 2:10).

Si quelqu'un n'a de visions que le concernant lui-même, il peut tomber dans une forme de déséquilibre. Mais lorsque la vision et la révélation sont liées au service du Corps de Christ, elles occupent leur juste place par rapport à l'ensemble.

Atteignez à la perspective du ciel!

> *En effet, si je prie en langues, mon esprit est en prière, mais mon intelligence reste stérile. Que ferai-je donc, je prierai par l'Esprit et je prierai aussi par l'intelligence; je chanterai par l'Esprit et je chanterai aussi avec l'intelligence.*
>
> 1 Corintiens 14:14.15

Je veux vous amener à voir les priorités de Dieu. Nous faisons le contraire généralement: Nous prions avec l'intelligence et "aussi" en Esprit. Nous prions la plupart du temps dans notre langue naturelle, ensuite, un peu "aussi" en langues. Mais ce que le Saint-Esprit met en avant c'est: *"Je prierai dans l'Esprit et je prierai aussi par l'intelligence; je chanterai dans l'Esprit et je chanterai aussi avec l'intelligence"*. Plus vous entrerez dans l'Esprit, plus vous allez parler et chanter, louer et adorer en d'autres langues, par l'Esprit du Dieu vivant.

Permettez à la gloire de changer vos priorités. Ayez la perspective de Dieu: voyez comme Il voit. Nous allons assister sur la terre à un réveil tel que des nations entières entreront dans le Royaume.

> *La cité n'a pas besoin du soleil, ni de la lune pour l'éclairer, car la gloire de Dieu l'éclaire et l'Agneau est son flambeau. Les nations qui auront été sauvées marcheront à sa lumière et les rois de la terre y apporteront leur gloire.*
>
> Apocalypse 21:23.24

Des nations sauvées? Certains d'entre vous ont à peine la foi pour voir le salut de leur conjoint. Pénétrez dans les Lieux Célestes et non seulement vous croirez pour votre époux ou votre épouse, mais vous aurez la foi pour les nations. Si votre vision reste limitée à l'échelle humaine, il vous sera difficile d'avoir assez de foi pour vos voisins de palier. Mais si vous entrez dans la dimension de l'Esprit, vous pourrez croire pour des continents entiers.

La parole de Dieu affirme qu'il y aura des nations sauvées. Nous allons être témoins d'un gigantesque réveil. Israël sera une de ces "nations sauvées", car l'Apôtre Paul l'a prophétisé *"Tout Israël sera sauvé"* (Romains 11:26).

Mais Israël ne sera pas la seule. *"Les nations qui auront été sauvées."* Au niveau de la gloire, votre foi est libérée jusqu'à s'attendre aux plus grandes bénédictions que Dieu a en réserve, à la dimension réelle de Ses promesses. Vous commencez à connaître le Roi de Gloire. Vous savez que c'est Lui qui livre les combats. Il est Celui qui remporte les victoires.

Toute jeune, à Hong Kong, j'avais déjà une vision pour les nations. Certains de mes amis missionnaires ne le comprenaient pas. Ils se demandaient pourquoi je n'étais pas satisfaite simplement avec Hong Kong. Ils me posèrent la question:

- Quand cette pensée des nations vous est-elle venue pour la première fois?

Je ne savais pas. Mais j'ai été élevée dans la gloire et, quand Dieu parle, Il donne toujours une vision élargie. Il a toujours, comme vision, le monde entier. Si Dieu vous parle beaucoup, vous vous mettez à avoir Ses idées à Lui dans votre esprit, et vous devenez conscient de ce qui L'intéresse!

Ses désirs se portent vers les nations du monde. Depuis dix-sept ans que je vis en Israël, c'est rare que je prie pour "Jérusalem" sans ajouter "Israël et toutes les nations". La bénédiction que Dieu a pour Jérusalem et pour tout Israël, c'est que, par cette ville et par ce pays, les extrémités de la terre soient bénies et sauvées.

LA GLOIRE DONNE LA JUSTE PERSPECTIVE!

Louez jusqu'à ce
que vienne l'esprit
d'adoration.

Adorez jusqu'à
ce que la gloire
descende.

Ensuite tenez-vous
dans la gloire!

Autres Chants d'Adoration
par Ruth Ward Heflin

Jérusalem, Maison de Prière

Refrain:
Jérusalem, Jérusalem,
Maison de prière, Jérusalem,
Jérusalem, Jérusalem,
Maison de prière, Jérusalem.

1. *Maison de prière pour chaque nation*
Maison de prière pour le monde entier
Jérusalem, pour tous les peuples
Jérusalem, Jérusalem.

2. *L prière triomphante est la réponse*
Pour Jérusalem et pour le monde
La prier triomphante est la réponse
Jérusalem, Jérusalem

3. *Saint est le Seigneur, dans Jérusalem!*
Saint est le Seigneur, en Israël!
Saint est le Seigneur au milieu de son peuple
Saint est le Seigneur, Saint est son nom

Te réclame les nations
(I Ask For the Nations)

1. Dans le beau nom de Jésus
Dans le nom du Seigneur
Je viens à Toi, ô Père
Dans le nom de Jésus
Je ne veux ni richesse
Ni réputation
Mais Ton amour me presse
Je viens pour les nations

Refrain
Oui, je les réclame
Chacune par son nom
Je les présente au Père
Dans le nom de Jésus
Oui, je les réclame
Chacune par son nom
Je les présente au Père
Dans le nom de Jésus.

2. Loin de se trouver nues
Confuses, humiliées
Au jour de Ta venue
Pour y être jugées
Oh! Qu'elles soient vêtues
Lavées de tout péché
Devant Ton Trône, o Jésus
Par Ton Sang purifiées.

Il M'a Donne

1. J'ai demande une chose,
Il me l'a donnée.
Et j'ai demande deux choses
Il m'exauce.
Minime ou solennel,
Il entend mon appel
Il est mon Père et je suis Son enfant.

Refrain:
Car Il M'aime
Oui Il m'aime!
Sur moi se porte tout Son désir.
Et je L'aime.
Oui, je L'aime!
Sur Lui se porte tout mon désir.

Nous L'attendons
(And So We Wait)

*1. Nous L'attendons, nous L'attendons, Il vient
pour nous.
Nous L'attendons, dans la joie, dans l'adoration.
Nous L'attendons, chaque jour devenant en nous.
Préparation pour la venue du Seigneur.*

Refrain:
*Nous n'attendons pas sans espérance,
Ne travaillons pas comme sans récompense.
Nous pressons le pas, mais avec bonheur
Car nous attendons le venue du Seigneur.*

*2. Par Son regard, tous nos espoirs seront comblés.
Par Son sourire, nos vies seront récompensées.
Etre avec Lui, jamais plus être séparés
De Celui en qui nous avons toujours espéré*

Que de miracles!
(So Many Miracles!)

1. *Que de miracles Tu as faits! (ter)*
Pour moi, Seigneur.

2. *Quels grands miracles Tu as faits! (ter)*
Pour moi, Seigneur.

Le Battement de leurs ailes

1. Il me semble sentir le battement de leurs ailes,
Les Etres Vivants de la vision d'Ezechiel
Chantant "Saint est notre Dieu
Qui Est, qui était et qui vient."
Il me semble sentir le battement de leurs ailes.

2. Il me semble sentir le battement de leurs ailes,
Proclamant que notre Roi Vient bientôt
Chœur des anges sur la nue
Chantez Sa proche venue!
Il me semble sentir la battement de leurs ailes.

3. Il me semble sentir la battement de leurs ailes.
Criant "Saint! Saint! est notre Roi!"
Et je tombai sur ma face
Car la gloire en cette place
Me fit sentir le puissant battement de leurs ailes.

Pourquoi ne pas lâcher:
Ne raisonnez plus! Abandonnez-vous!

1. *Abandonnez vous et laissez Dieu agir comme*
If vent dans votre vie! (4 fois)

2. *Je m'abandonne, je veux laisser Dieu faire*
Ce qu'Il vent dans ma vie. (4 fois)

3. *Ne raisonnez plus! Laissez Dieu vous envoyer*
Dans les nations du monde. (4 fois)

4. *Je m'abandonne, pour laissez Dieu m'envoyer*
Dans les nations du monde. (4 fois)

5. *Ouvrez vos cœurs et permettez a Dieu de*
Vous révéler Sa gloire! (4 fois)

6. *J'ouvre mon cœur, je veux permettre a Dieu de*
Me révéler Sa gloire (4 fois)

Te Veux Te Contempler
(I Want to Consider You)

1. Je veux T'adorer, Te contempler! (ter)
Oui, je veux Te contempler.

2. Oh! D'éternité en éternité, Tu es, Tu es (ter)
Oui, je veux Te contempler.

3. Sans Toi ri musique, ni raison de chanter (ter)
Oui, je veux Te contempler.

4. Considère les lys, comment il fleurissent,
Ils ne filent, ni ne tissent
Pourtant ils grandissent
Considère les lys, comment il fleurissent,
Et Tu m'auras contemplé.

Books by Ruth Ward Heflin

Glory:

英語 — *Glory*:

English Edition (ISBN 978-1-58158-165-2)
Spanish Edition (ISBN 978-1-884369-15-5)
French Edition (ISBN 978-1-884369-41-4)
German Edition (ISBN 978-1-884369-16-2)
Swedish Edition (ISBN 978-1-884369-38-4)
Finnish Edition (ISBN 978-1-884369-75-9)

Revival Glory (ISBN 978-1-884369-80-3)
River Glory (ISBN 978-1-884369-87-2)
Golden Glory (ISBN 978-1-58158-001-3)
Unifying Glory (ISBN 978-1-58158-006-8)
German Edition (ISBN 978-1-58158-118-1)
Harvest Glory (ISBN 978-1-884369-81-0)
Revelation Glory (ISBN 978-1-58158-010-5)
eBook Edition (ISBN 978-1-58158-128-7)

Jerusalem, Zion, Israel and the Nations

(ISBN 978-1-884369-65-0)

Ask for them at your favorite bookstore or order from:

Calvary Books

11352 Heflin Lane

Ashland, VA 23005

(804) 798-7756

www.calvarycampground.org

info@calvarycampground.org

GLORY
by
Ruth Ward Heflin

What is Glory?

- *It is the realm of eternity.*
- *It is the revelation of the presence of God.*
- *He is the glory! As air is the atmosphere of the Earth, so glory is the atmosphere of Heaven.*

Praise ... until the spirit of worship comes. Worship ... until the glory comes. Then ... stand in the glory. If you can capture the basic principles of praise, worship and glory which are outlined in this book — so simple that we often miss them — you can have anything else you want in God.

ISBN 978-1-58158-165-2

Ask for it at your favorite bookstore or order from:

Calvary Books
11352 Heflin Lane
Ashland, VA 23005
(804) 798-7756

www.calvarycampground.org

info@calvarycampground.org

God of Miracles
Eighty Years of the Miraculous
by Edith Ward Heflin

"My life has been very exciting because I was always looking forward to the next miracle, the next answer to prayer, the next thing Jesus would do for me. I expect I have lived twenty lifetimes within these eighty years. The God of all miracles has been so good and so very gracious to me."

— Edith Heflin

As you become witness to a life that has spanned the period from Azusa Street to this next great revival, the life of a unique woman who has known the great ministries of our century and has herself lived the life of the miraculous, you too will encounter the God of Miracles.

English Edition (ISBN 978-1-56043-043-8)
Spanish Edition (ISBN 978-1-58158-120-3)
Spanish eBook Editions (ISBN 978-1-58158-120-1)

Ask for it at your favorite bookstore or order from:

Calvary Books
11352 Heflin Lane
Ashland, VA 23005
(804) 798-7756
www.calvarycampground.org

Books by
Wallace H. Heflin, Jr.

The Power of Prophecy (ISBN 978-1-884369-22-3)
Hear the Voice of God (ISBN 978-1-884369-36-0)
A Pocket Full of Miracles (ISBN 978-0-914903-23-9)
The Bride (ISBN 978-1-884369-10-0)
Jacob and Esau (ISBN 978-1-884369-01-8)
The Potter's House (ISBN 978-1-884369-61-2)
eBook Edition (978-1-58158-134-8)
Spanish Edition (ISBN 978-1-58158-035-8)
Spanish eBook Edition (ISBN 978-1-58158-141-6)
Power in Your Hand (ISBN 978-1-884369-60-5)
(Spanish Edition) (ISBN 978-1-884369-04-9)
Living by Faith (ISBN 978-1-58158-113-3)

Ask for them at your favorite bookstore or order from:

Calvary Books
11352 Heflin Lane
Ashland, VA 23005
(804) 798-7756
www.calvarycampground.org

Books by
Dr. William A. Ward

Miracles That I Have Seen (ISBN 978-1-884369-79-7)
God Can Turn Things Around (ISBN 978-1-56043-014-8)
On the Edge of Time (ISBN 978-0-91490347-5)
Get Off the Ash Heap (ISBN 978-1-884369-20-9)
Christian Cybernetics (ISBN 978-1-884369-19-3)
How to Be Successful

Ask for them at your favorite bookstore or from:

Calvary Books
11352 Heflin Lane
Ashland, VA 23005
(804) 798-7756
www.calvarycampground.org

Calvary Campground

11352 Heflin Lane
Ashland, VA 23005

Tel. (804) 798-7756
Fax (804) 752-2163
www.calvarycampground.org

Summer Campmeetings

End of June through August
With two great services daily, 11 A.M. & 7:30 P.M.

Winter Campmeeting

First Friday of February through end of February

Come and experience the glory with special speakers from around the world.

Revival Meetings

Each Friday night, Saturday morning, Saturday night and Sunday revival meeting

Ministry tapes and song tapes are also available upon request.

info@calvarycampground.org